# MANUAL DE MEDIOS DE COMUNICACIÓN

## DE COMUNICACIÓN

### PARA EL PASTOR Y EL LÍDER CRISTIANO

*Manual de Medios de Comunicación*
© 2016 José Pablo Sánchez Núñez
© De esta edición:
Edición Decisión
C/Mequinenza, 20 - 28022 Madrid
Teléfono 91 742 79 11
info@e-decision.org
www.e-decision.org


Diseño y diagramación interior: Negra
Diseño de cubierta: Samuel Badiola
Foto de cubierta: Samuel Badiola


ISBN: 978-84-606-8979-9
Depósito legal: M-4.216-2016
Impreso en España - Printed in Spain

José Pablo Sánchez Núñez

# MANUAL DE MEDIOS DE COMUNICACIÓN

## PARA EL PASTOR Y EL LÍDER CRISTIANO

Madrid 2016
info@e-decision.org

# Índice

*A Jane, por su amor, apoyo y compañía*

# Agradecimientos

Soy deudor a muchas personas que han participado en el proceso de creación y edición de este manual. Algunos compartieron sus conocimientos como expertos invitados a mis clases de Comunicación. Sus enseñanzas fueron el punto de partida de algunos de los contenidos que posteriormente fueron revisados, adaptados y ampliados con el paso de los años. Entre ellos tengo mucho que agradecer a Fernando Díaz, Esperanza Suárez, José de Segovia e Israel Martorell. Otros colaboraron en la revisión del texto aportando sus sugerencias y correcciones que sin duda mejoraron el resultado final que ahora tiene en sus manos. Entre ellos se encuentran los periodistas Esteban Lozano y Beni Moreno, también a Marisa Giménez, Ramón Estrada y José Luis Briones. Agradezco también la colaboración de Marcos Vidal con su prólogo y de Lemuel Larrosa haciendo posible su publicación como una colaboración de Radio Transmundial.

Me llena de ilusión pensar que todos los beneficios de la venta de esta primera edición se destinarán al desarrollo de la obra en los medios de Radio Transmundial. Agradezco la visión global, la confianza hacia los líderes nacionales y el apoyo fiel que Radio Transmundial ha demostrado conmigo y espero que este libro contribuya al avance de la misión de Radio Transmundial y de muchos otros medios de comunicación comprometidos con la extensión del Reino de Dios.

# Prólogo

El Areópago de Atenas estaba abarrotado de personas que solo mostraban interés por "algo nuevo", es decir, cualquier cosa que nunca antes hubiesen oído. Así que, lejos de acobardarse o sentirse intimidado, el predicador se preparó para compartir el mismo Evangelio de siempre pero esta vez de una manera diferente, nueva, inaudita. Mantuvo inalterado el contenido pero cambió su forma de predicar con el único fin de conseguir la atención de los atenienses y deshacer sus prejuicios. No intentaba ser simpático o caerles bien, su único fin era derribar cualquier barrera de comunicación que pudiera estorbar la transferencia del mensaje de la cruz. Sencillamente brillante. Es evidente que el Espíritu Santo le guió a hacerlo así. (Hechos 17:19-34)

Admiro profundamente esa versatilidad de Pablo. Me fascina descubrir cómo entendía perfectamente su cometido e inventaba recursos sobre la marcha. Nunca impuso a los incrédulos su estilo ni esperó a que aquellos paganos se familiarizaran con su manera de predicar sino que se adaptó inmediatamente, como quien corrige levemente la dirección del barco por un cambio en la intensidad del viento. Hasta citó a sus poetas mostrando un gran conocimiento e interés por su cultura. Así era Pablo, podía hablar a judíos o a gentiles, en la sinagoga o en un anfiteatro griego, ante la plebe o ante el César. Valiente equilibrio: ser capaz de no adulterar el mensaje y al mismo tiempo acoplarse al contexto y al momento. De hecho fue él quien escribió en 1Corintios 10:32-33 "No seáis tropiezo ni a judíos, ni a gentiles, ni a la iglesia de Dios como también yo en todas las cosas agrado a todos, no procurando mi propio beneficio, sino el de muchos, para que sean salvos." Indiscutiblemente, Pablo era un auténtico especialista de la comunicación. Era el apóstol más libre de todos, un avanzado a su época y un instrumento poderosísimo en las manos de Dios.

Lamentablemente, y al contrario que el apóstol Pablo, muchos cristianos nos estancamos en una manera específica de comunicarnos, forjada por nuestros propios patrones evangélicos, y pedimos que el mundo acuda a nosotros como salían a escuchar a Juan el Bautista en el desierto. Estamos más centrados en invitar a otros a que vengan a nuestras iglesias, a que abracen nuestras formas y adopten nuestro lenguaje, que en esforzarnos por adecuar nuestra manera de comunicar el mensaje a la cultura en la que vivimos, de modo que consigamos hacer entendible a esta generación el glorioso Evangelio de Jesucristo.

¿Pero qué otra cosa es "ir y predicar el Evangelio"? ¿De qué trata la Gran Comisión? Quizá hemos reducido la idea de "ir" a una simple cuestión de movimiento, como si todo consistiera en estar dispuestos a desplazarnos a otro país, según la percepción tradicional que tenemos del misionero. Sin embargo, el concepto "ir" posee un sentido bastante más amplio y al alcance de todos. Tiene mucho más que ver con aprender a entregar adecuadamente el mensaje. Porque podemos compartir el mismo suelo con la gente y aún así no conseguir penetrar su mundo, lo cual hace que nuestro "ir" sea en vano.

Hoy los medios de comunicación son como un enorme y moderno "Areópago" en el que no podemos presentarnos de cualquier manera. Es cierto que las oportunidades de acceso son enormes para todos. Además de cadenas y programas de televisión o radio, las puertas que se han abierto a través de internet ofrecen posibilidades prácticamente ilimitadas para conectar con ciudadanos de todo el globo, a cualquier hora. Cualquier pastor puede sentarse ante una cámara y llegar a medio mundo. Sin embargo hay que decir que no existen muchas herramientas para aprender a hacerlo con dignidad.

Por eso pienso que este libro llega a tiempo y viene a cubrir una necesidad muy importante. Es un material valiosísimo para todos aquellos cristianos que tengan algún interés en compartir el Evangelio a través de los medios de comunicación. Si verdaderamente queremos llegar a los inconversos que frecuentan este enorme espacio y captar su atención, debemos comprender que no estamos en un culto, ni en una iglesia, que no podemos ni debemos lanzarnos a levantar la voz de cualquier manera sin invertir tiempo e interés en una preparación adecuada, sin estar dispuestos a "ir" en el sentido más amplio de la palabra, tal y como lo hizo el apóstol. Creo sinceramente que este manual es una contribución inestimable que ayudará a mejorar la labor que pastores y líderes cristianos desarrollan actualmente en, y a través de, los medios de comunicación.

Además de un amigo personal, José Pablo Sánchez es un querido hermano en Cristo, y un siervo de Dios que desde el año 1996 ha estado trabajando al frente del programa evangélico (Tiempo de Creer-Buenas Noticias TV) que se retransmite semanalmente en España a través de la televisión pública, además de llegar a todo el mundo vía satélite por el canal internacional de TVE. Su ejemplo, profesionalidad, testimonio cristiano y constancia, unidos a la experiencia y los milagros vividos a lo largo del camino, le confieren una autoridad incuestionable en la materia.

Es un honor para mí presentar este manual, y pido a Dios que sirva para ayudar a muchos a progresar con excelencia en la ardua labor de comunicar el Evangelio de Jesucristo a través de los medios de comunicación "...sabiendo que nuestro trabajo en el Señor no es en vano" (1Corintios 15:58). Gracias José Pablo.

Marcos Vidal
Cantautor y Pastor Evangélico
Iglesia Evangélica Salem. Madrid

# Introducción

Los medios de comunicación han experimentado una revolución extraordinaria en los últimos años a la sombra de las nuevas tecnologías. La globalización del acceso a Internet ha abierto nuevas posibilidades insospechadas hace una generación y ha eliminado las barreras que por años habían colocado a los medios de comunicación en las manos de una élite privilegiada. Ya no es así. Los Smartphone, la calidad de las nuevas cámaras de video, la potencia de los ordenadores y el software gratuito han dado la vuelta a las cosas y hoy, la producción audiovisual es generada principalmente por aficionados que suben a YouTube más de 60 horas de video cada minuto, una hora cada segundo.

Los líderes cristianos, pastores, ancianos, maestros y evangelistas, son comunicadores. Su trabajo está marcado por la comunicación, bien sea predicando, enseñando, escribiendo o aconsejando. De una forma u otra todos están inmersos en el proceso comunicativo y a algunos, además, las circunstancias les han llevado a participar en los medios de comunicación o han sentido el llamado de ser agentes de comunicación, agentes de cambio usando dichos medios, por lo tanto están escribiendo en prensa o produciendo programas de radio, televisión, internet. Por desgracia hay muchos que desarrollan este llamado reproduciendo modelos que han visto en los medios de otros pastores o líderes que comenzaron antes que ellos y desarrollan su trabajo ignorando el lenguaje audiovisual y los elementos mínimos para dar a sus producciones la calidad que Dios se merece, debido a eso cometen errores que son en realidad fáciles de corregir.

Este manual pretende ayudar a estos líderes cristianos dándoles las herramientas mínimas y básicas para conseguir una comunicación eficaz en los medios y no cometer dichos errores. Por supuesto que no pretende convertir en profesionales de los medios a los pastores u obreros. Existen universidades y centros de formación para este fin, pero sin ser un profesional, se puede conseguir un trabajo decente y de calidad, a la altura del llamado de Cristo. También se puede entender cómo funcionan los periódicos, las radios, las televisiones, Internet, y mantener una relación adecuada con dichos medios. Luego, el tiempo y la experiencia, seguro irá añadiendo la madurez y formación necesaria para crecer y desarrollar habilidades comunicativas hasta límites insospechados.

La explosión mediática abre puertas para que todo aquél que lo desee pueda acceder al sector audiovisual. Además hemos de entender la evolución que las redes sociales están provocando en los modelos de comunicación. Del "monólogo" de años pasados, hemos entrado en el "diálogo" en el que la audiencia interactúa con todos nuestros mensajes. Este cambio implica una nueva perspectiva en nuestra relación con los medios que va desde el sermón del domingo hasta el producto audiovisual de alcance global.

"Como el Padre me envió, así yo os envío" dijo Jesús[1]. Este compromiso implica encarnarse[2] en los medios, siendo conscientes de que el pueblo de Dios se juega mucho. La visibilidad en los medios determina hoy ser o no ser, estar o no, contar o no, en

---

1   Juan 20:21
2   Juan 1:14

la sociedad global. Nuestra presencia por lo tanto, no se justifica sólo por la posibilidad de aprovechar los medios para transmitir un mensaje. Es mucho más. Como dijo el profesor canadiense de Teoría de la comunicación, Herbert Marshall McLujan ,"El medio es el mensaje". Hasta que no entendamos las implicaciones de este principio, haremos un pobre uso de la comunicación. Si el día de los enamorados compro un ramo de rosas y se lo regalo a mi mujer, muchos pensarán que soy un buen marido. Pero si ven una foto del ramo y comprueban que compré el más barato, con rosas marchitas y rotas, cambiarán de opinión. La calidad demuestra amor, la vulgaridad no. Sólo cuando seamos conscientes de estas implicaciones, estaremos preparados para invertir de verdad en ellos nuestros talentos, tiempo y dinero. Pero para ser testigo de la verdad de Cristo necesitamos entender bien la motivación, estrategia y objetivos de los medios de comunicación.

Hay dos elementos sobre los que giran la motivación de los medios de comunicación hoy: dinero y poder. Aquellos que controlan los medios de comunicación lo hacen con uno de estos elementos o con ambos. Cada medio tiene su dueño. Cuando el dueño es un empresario, lo único que buscará es la rentabilidad económica. Si es un político, su afán será el poder y gestionará dicho medio para conseguirlo y mantenerlo. Es vital conocer quién es el dueño de cada medio para entender su motivación, así podremos aplicar mejor un análisis crítico de los contenidos y descubrir las tendencias, mensajes y símbolos.

La motivación de cada medio se expresa a través de una estrategia determinada cuyo fin no será otro que conseguir audiencia. El medio tiene sentido sólo si hay audiencia, dado que cuanto mayor sea ésta, mayor será el poder y el beneficio económico que genere. Por lo tanto, todos los medios están inmersos en una guerra a muerte por la audiencia, y el valor que dan a los contenidos depende de su eficacia en generar audiencias con el menor coste de producción posible. Por desgracia es barato y bien fácil aumentar audiencia con contenidos que apelen a los bajos instintos: casquería emocional, grosería, charlatanería, pornografía, etc. No es de extrañar que las mayores búsquedas de internet sean palabras como "sexo" o "hot" y los programas de televisión más vistos sean aquellos que se dedican a despellejar a famosos o inventar melodramas. Es en este panorama que los cristianos debemos intervenir iluminando con la verdad de Cristo. Parece difícil, pero no lo es, empieza por algo tan sencillo como cambiar de canal. Dado que cada persona cuenta para la audiencia del medio, cuando cambiamos de canal, demostramos de forma tangible nuestra fe.

Aunque alcanzar las mayores cuotas de audiencia es el objetivo inmediato de cada medio, no es el objetivo final. La audiencia sólo es el medio para conseguir un fin, que viene determinado por la ideología y la motivación del dueño. Una vez cautivadas las audiencias, llega el adoctrinamiento que pasa primero por la insensibilización. Es un proceso que puede durar años, pero que ha demostrado su eficacia vez tras vez. Romper estereotipos, asimilar conductas rechazadas por los antepasados, proponer nuevos estilos de vida, eliminar el pensamiento crítico, generar necesidades ilusorias, crear alarmas, son los objetivos finales de los medios que responden siempre a los intereses de sus dueños. Por lo tanto, es urgente e imprescindible desarrollar una conciencia crítica ante los medios e invertir en comunicadores cristianos que se encarnen en ellos y trabajen para redimirlos como agentes de la verdad.

Por último, debemos seguir la propuesta que plantea el Compromiso de Ciudad del Cabo[3] de comunicar el evangelio con relevancia cultural en los medios. Hoy es más posible que nunca

---

3    Este Compromiso fue el resultado del Congreso celebrado en Ciudad del Cabo en 2010, organizado por el Movimiento de Lausanne. http://www.lausanne.org/es/documentos/el-compromiso-de-ciudad-del-cabo.html

llegar a la audiencia, pues los medios están al alcance de todos, pero también es más difícil que nunca, por la masificación y diversificación de los mismos. En ese contexto la relevancia implica enfoque. Por mucho que lo queramos, no vamos a ser relevantes para todas las audiencias. Hay que elegir bien a quién nos dirigimos, conocer sus necesidades y responder a sus preguntas. En la medida en que acertemos seremos relevantes. Luego hay que ser excelentes, o al menos intentarlo. La santificación del "todo vale" si se hace con un corazón sincero no es bíblica. Dios merece lo mejor. La descripción de los detalles del tabernáculo[4] demuestra que a Dios le agrada el color, el arte, la belleza sin escatimar en nada, aunque su pueblo esté en medio del desierto sin recursos. Cuando nos conformamos con la mediocridad, dejamos de buscar la relevancia y practicamos la endogamia espiritual que sólo sirve para engordarnos a nosotros mismos. Que seamos mediocres a veces es inevitable, porque carecemos de recursos y formación, pero que nos conformemos con ella, es pecado. La relevancia cultural en los medios será el fruto de enfoque, excelencia y diálogo en busca de santidad. Las redes sociales han colocado el diálogo como estilo comunicativo actual. Atrás han quedado los monólogos que por tanto tiempo caracterizaron a los medios. Ya no es así. Ahora todos nos vemos avocados a dialogar. Lo queramos o no la gente opina y a veces un blog puede llegar a tener más poder que una cadena de televisión histórica. Como cristianos debemos prepararnos para el diálogo[5] y entrar en los debates sin temor. Hoy más que nunca debemos santificar los medios encarnando la verdad de Cristo en ellos.

Este Manual de Comunicación Básico es el resultado de muchos años de trabajo en los medios de comunicación. Su origen son las Notas de Clase que impartí durante varios años en el

---

4    Éxodo 28:37
5    1 Pedro 3:15

Seminario Europeo de Formación Teológica y Evangelización, en las que colaboraron también periodistas como Fernando Díaz-Sarmiento y José de Segovia, así como la locutora Esperanza Suárez y el informático Israel Martorell. Este libro refleja también sus aportaciones en clase que siempre fueron de gran valor. Mi deseo al escribir este libro es facilitar el trabajo que todo líder cristiano tiene en su uso de los medios de comunicación. Reitero que no pretende sustituir la formación académica necesaria para acceder a los medios como profesionales. Quien piense que con la lectura y aplicación de este libro ya está completamente preparado, se equivoca. Aquí tan sólo encontrará el mínimo indispensable para iniciarse en el campo. Confío que nadie se conforme con tan poco y que su lectura provoque la suficiente inversión de tiempo y esfuerzo para acercarse a los medios con la dignidad que Cristo merece.

*José Pablo Sánchez Núñez*
*Madrid, marzo 2016*

A Dios le agrada la calidad

Con frecuencia he escuchado en la iglesia, como introducción a la interpretación de una canción, la frase "no os fijéis en la calidad de la música, sólo en la letra, pues lo he hecho para el Señor". Con esta frase se pretende justificar una voz desafinada, la falta de ensayo y el terrible ruido de la banda, donde cada instrumento va por su lado, con la idea de que a Dios sólo le importa lo que decimos, no cómo se lo decimos, pues dado que lo hacemos "con todo nuestro corazón" la calidad no importa. Es como si a mi esposa le regalo un ramo de flores para nuestro aniversario y compro el más barato, con flores marchitas, mustias y medio secas. Lo lógico es que mi esposa comprendiera que lo hice con el corazón y que lo importante es la intención, por lo tanto, debería estar muy contenta. Además hay muchos maridos que ni siquiera se acuerdan del aniversario y nunca regalan nada a sus esposas, de modo que la calidad del ramo de flores, debería ser lo menos importante. ¿Seguro? Más bien, mi esposa se preguntará sobre el valor que le doy como persona y la importancia que tiene para mí esa fecha. La calidad es directamente proporcional al valor que le damos a algo. En su libro Adictos a la Mediocridad, el conocido teólogo evangélico F.Schaeffer denuncia este patrón tan repetido entre los evangélicos en su tratamiento del arte, una conducta mediocre que nace del desconocimiento del Dios de la Biblia. A pesar de que este libro fue escrito hace ya muchos años, la situación no ha cambiado mucho. La famosa frase que ya hemos comentado "el medio es el mensaje" incide también en esta idea. El contenido del mensaje, la letra, la imagen, el sonido, puede ser precioso, pero si el medio en que se empaqueta y se da a conocer es un desastre, el mensaje pierde eficacia y credibilidad. Mensaje y medio deben estar en sintonía para conseguir relevancia comunicativa. Este principio podemos verlo claramente en la Palabra de Dios.

Por ejemplo en la creación. Cuando leemos el relato del Génesis en la Biblia, encontramos la frase "era todo bueno" después de cada una de las etapas creativas, para luego terminar afirmando, cuando ya se había completado, que "era bueno en gran manera"[6]. Dios no hizo nada a medias o mediocre. Todo lo que creó expresa su carácter y comunica belleza. Los colores de un amanecer, el movimiento de las olas o las nubes, la música de los pájaros, o la diversidad de flores y plantas, todo demuestra arte, belleza, diseño y funcionalidad. Todo es bello en gran manera. Por eso, cuando el apóstol Pablo afirma que "las cosas invisibles de él (Dios), su eterno poder y deidad, se hacen claramente visibles desde la creación del mundo, siendo entendidas por medio de las cosas hechas, de modo que no tienen excusa"[7], lo hace con la certeza de una comunicación clara y eficaz, hasta el punto de dejar "sin excusas" a aquellos que rechacen volver a Dios. El primer mensaje que el ser humano puede recibir de Dios es por medio de la vista. Mucho antes de que se inventara la televisión, Dios ya estaba hablando por medio de la imagen, una imagen con calidad, belleza, armonía y arte.

También lo hizo por medio de la escritura, pues la Biblia afirma que Dios escribió con su dedo los diez mandamientos en

---

6   Ge.1:31
7   Rom.1:20

las tablas de piedra que entregó a Moisés en el monte Sinaí.[8] ¿Tendrían faltas de ortografía esas tablas? Es una pregunta que puede sonar hasta como una blasfemia. Por supuesto que no. Dios no comete errores, Él es perfecto, de modo que su escritura era también perfecta, como todo lo que hace. Esto lo entendieron muy bien los apóstoles y cuando escribieron sus cartas, lo hicieron con calidad. Algunos críticos textuales afirman que las cartas que conocemos de Pedro en el Nuevo Testamento no fueron escritas por él. Uno de los argumentos que usan para afirmar tal disparate es que la calidad del griego de dichas cartas es demasiado bueno para un pescador de Galilea que difícilmente habría aprendido a leer y escribir cuando era niño. Demuestra mucha arrogancia esta crítica sin fundamento. Por el contrario, la calidad del griego de Pedro, habla bien de él como persona, y de su esfuerzo por comunicar con claridad y relevancia el mensaje que había transformado su vida. Demuestra el valor que daba a su mensaje, a su Dios y a su audiencia. El origen de Pedro, su oficio como pescador, y las posibles dificultades que hubiera tenido para acceder a una educación de calidad, solo demuestran que cualquier persona puede llegar a superarse a sí misma y a superar cualquier limitación para alcanzar calidad en la comunicación.

El crecimiento de la obra de Dios es directamente proporcional al buen uso que la Iglesia hace de los medios de comunicación. A lo largo de la historia hay muy buenos ejemplos de cómo el Reino de Dios se ha expandido de forma explosiva cuando los cristianos han sabido usar bien los medios. La Reforma protestante le debe mucho a la imprenta. Las 95 tesis de Lutero llegaron a ser muy populares porque de ellas se hicieron miles de copias que se repartieron por toda Alemania y el extranjero. Igual podemos afirmar del éxito de Juan de Valdés en España. Su libro Diálogo

---

8 Ex.31:18

de Doctrina Cristiana llevó las ideas de la Reforma a los centros neurálgicos del pensamiento español gracias a su difusión. Este fue uno de los libros más difundidos y perseguidos por la Inquisición, el cual sin lugar a dudas jugó un papel clave para extender la fe reformada. Fueron también creyentes evangélicos los que se lanzaron al uso de la radio desde su invención. Primero en Norte América, luego en el norte de África con el inicio de Radio Transmundial desde Tánger (Marruecos) para alcanzar a los españoles y luego en el campo misionero de América del Sur. Los estudios más rigurosos realizados para comprender el avance de los evangélicos en Latinoamérica han coincidido en que la radio jugó un papel clave. También, por supuesto, la televisión y el cine. Billy Graham llegó a ser más popular por el uso de la televisión y el cine que por sus propios festivales y para conseguirlo se rodeó de los mejores profesionales. Si algo ha caracterizado el trabajo de este gran predicador, siempre ha sido la calidad y la excelencia. El buen uso de los medios de comunicación, siempre tendrá una repercusión directa en el avance del Reino de Dios. Por eso es importante usarlos bien, pues lo contrario también es cierto. El mal uso de los medios de comunicación puede destruir y hacer mucho daño a la obra. Cuando disparamos a un blanco con una escopeta de perdigones, el daño que hacemos es leve, pero si disparamos con un cañón o una bomba, el destrozo puede ser irreparable. Los medios son cañones y bombas en comunicación, de modo que hemos de usarlos con sumo cuidado, para que no destruyamos la obra que a veces ha costado tanto levantar.

Es triste que en muchas ocasiones los no creyentes, aquellos que no conocen ni adoran a Jesús, sean capaces de esforzarse más por conseguir calidad que aquellos que amamos al Mesías. La calidad de grandes obras de arte dedicadas a las divinidades griegas, al entretenimiento o simplemente al enriquecimiento del artista, es sorprendente. Los medios de comunicación se hacen eco de estas grandes obras de arte y miles de pinacotecas, bibliotecas y salas de exposiciones son testigos del gran valor que dan estos artistas a sus creaciones. Si el amor se midiera por la calidad conseguida, habría que reconocer que los paganos, en la mayoría de los casos, aman más sus obras, que los cristianos a su Maestro. Es cierto que la viuda dio todo lo que tenía, un céntimo, y que fue la ofrenda más elogiada por Jesús. Algunos sólo miran el "céntimo" para calcular cuánto deben esforzarse en su ofrenda a Dios. Otros, la minoría, escuchan las palabras de Jesús y reflexionan sobre el "todo". Aquella viuda lo dio "todo" para Dios. Sólo cuando estemos dispuestos a dar el todo para Dios avanzaremos en la calidad de nuestras obras.

La mediocridad es a veces inevitable. Un niño comienza a tocar un instrumento y la primera canción que aprende la canta en la iglesia y todos se alegran y alaban a Dios, a pesar de los muchos defectos de su interpretación. Pero si pasan diez años y aquel niño sigue tocando el instrumento y cantando con los mismos defectos, nadie debería alegrarse y alguien debería prohibirle cantar en la iglesia. Dios se merece lo mejor. Si un adolescente hace su primer video para compartir su fe con la primera cámara que le regalan, cuando lo proyecta en la iglesia todos lo aplaudirán, a pesar de que el video se hizo sin trípode, sin micro, los planos sin encuadre y sin luz. Pero si después de cinco años sigue haciendo videos así, alguien debería prohibirle proyectarlos en la iglesia. Dios se merece mucho más.

Ahora bien, la excelencia no puede ser un valor absoluto que impongamos a los demás. Nunca debe usarse como vara de medir para juzgar a los hermanos. En ningún lugar de la Biblia Dios manda: sed excelentes, como yo soy excelente. Si nos manda que seamos santos, humildes, que amemos a Dios sobre todas las cosas y los unos a los otros. La única excelencia que a Dios le agrada es la que nace del amor. Cuando la excelencia nace de la arrogancia, del egoísmo, del elitismo o la búsqueda de aprobación humana, es pecado. De modo que debemos ser muy honestos al

evaluarnos a nosotros mismos y descubrir bien nuestras motiva-
ciones, para que busquemos siempre una excelencia que nazca
en el amor, edifique el Cuerpo de Cristo y construya el Reino de
los cielos.

El dossier de prensa

Cuando en el año 2005 organizamos el Festival con Luis Palau en Madrid, el dossier de prensa jugó un papel clave. Convocamos a los medios de comunicación a una rueda de prensa. Mandamos la invitación una semana antes de la cita con el dossier de prensa y llamamos por teléfono a los medios más importantes de Madrid para animarles a asistir. Desgraciadamente el único medio no evangélico que vino fue Televisión Española, y lo hizo para grabar un reportaje en el programa que yo mismo dirijo en este medio. Asistieron unos treinta reporteros de medios evangélicos. En un sentido, el objetivo de conseguir la promoción gratuita que ofrecen las noticias no se cumplió en ese momento, pero no fue un fracaso gracias al dossier de prensa. Es decir, aunque los medios más importantes no vinieron, la información si les llegó y cuando los periódicos El Mundo y ABC sacaron la noticia el segundo día del Festival, usaron la información que les enviamos en el dossier y trataron a Luis Palau y a los evangélicos con respeto, dando una información objetiva y positiva. Evitamos así que nos trataran como han hecho históricamente, identificándonos como "secta evangelista" que "capta adeptos" y forma parte de movimientos "peligrosos y extranjeros".

El dossier de prensa es la herramienta clave para que los medios de comunicación se hagan eco de las actividades que realizamos y lo hagan con objetividad. Muy difícilmente un medio secular se interesará por la iglesia evangélica o por un proyecto evangelístico. Ese tipo de actividades no encajan dentro de la agenda de dichos medios, ni está entre los intereses que ellos suponen tiene su audiencia, de modo que las ignorarán. Si a esto añadimos los prejuicios históricos sobre la Iglesia Evangélica y los intereses sociales y económicos que hay detrás de cada medio, reconoceremos que estamos ante una nueva batalla de David frente a Goliat.

Además, un dossier de prensa puede conseguir que el periodista que escribe el artículo no se invente su comentario, tomando ideas de un bagaje cultural distorsionado o informaciones poco fundamentadas y subjetivas conseguidas en una primera mirada a Internet, sin filtrar contenidos ni comprobar las fuentes. Puede que algunos crean que los periodistas nunca actúan así, pero hay que trabajar dentro de los medios para darse cuenta de que este tipo de comportamientos suceden con más frecuencia de lo deseable. Dado que el periodista trabaja con mucha presión, y a veces no tiene el tiempo que quisiera para conseguir todos los datos, cuanto más le facilitemos el trabajo mejor será para él y para nosotros, pues la información final se ajustará más a la realidad y evitaremos dejar espacio a la imaginación del reportero. En multitud de ocasiones he notado que el texto de las noticias que han salido en los medios es el mismo del dossier que hemos entregado. Me parece muy bien. Así la información que llega al público es la que nosotros deseamos, sin ningún tipo de interferencias o interpretaciones.

Un dossier de prensa debe facilitar mucho más que la información básica. Debemos proveer toda la información necesaria para redactar la noticia y hacer sus comentarios, de modo que cualquier asunto que surgiera, cualquier duda o pregunta, tenga allí la respuesta, o al menos sepa dónde dirigirse para conseguirla. Cuanta más información ofrezcamos, más evitaremos la tergiversación de la información o la pervivencia de los estereotipos falsos. Aún así, tampoco debemos pasarnos y en lugar de redactar un dossier de prensa, redactemos un libro. Los libros son buenos acompañantes, y siempre que podamos, debemos regalarlos para complementar la documentación, pero un dossier de prensa no debería pasar de las 10 o 15 páginas, incluyendo en ellas fotos y recortes de prensa de otros eventos similares.

En general, cuando queremos hacer llegar un dossier de prensa a unos medios, lo mejor es buscar el contacto personal con el redactor que cubrirá la noticia. Es vital que hagamos relaciones de amistad con los responsables y redactores de los medios que están en nuestro campo de ministerio. De modo que para entregarlo, podemos pedir una cita y contarle el contenido. Nada puede sustituir el cara a cara.

En la ciudad toledana de Illescas organizamos una campaña de evangelización en el verano de 2013. Todo el proceso para conseguir los permisos para las actividades fue muy complicado. Es el único lugar donde nos han pedido que garanticemos el acceso para minusválidos en un auditorio propiedad del propio Ayuntamiento. Algo que no tiene ninguna lógica pues el lugar fue construido por ellos y en su día tendrían que haber habilitado dichos accesos. Parece una broma, pero es cierto, hasta ese punto llegaron sus exigencias. También debíamos llevar un extintor por si salía ardiendo el equipo de sonido durante el concierto del Coro Gospel de Castilla-La Mancha. El primer día de campaña me entrevisté con la concejala responsable de medios de comunicación. Le pedí que me facilitara el acceso a la radio municipal y me dijo que ella se encargaría, que le enviara a ella toda la información. Aunque se la envié, también decidí ir directamente a la radio para saludar al locutor y responsable. Fue un acierto hacerlo dado que nadie le había pasado información sobre nuestras actividades. Además, se alegró mucho de que estuviéramos allí e inmediatamente nos hizo una entrevista. A partir de ese momento mantuvimos una relación fluida y directa. Nos llamó por teléfono varias veces durante la campaña y nos ofreció los micros en dos ocasiones más, todo ello sin contar con la concejala. Si hubiera esperado a que ella organizara todas estas entrevistas, posiblemente seguiría esperando hasta hoy.

De modo que hay que hacer todo lo posible para conseguir una entrevista personal con el periodista que cubrirá nuestra noticia. Es más, todo líder cristiano debería hacerse amigo de estos periodistas y compañero en la búsqueda de la verdad. Al fin y al cabo, en ese camino se encuentra el auténtico reportero y el pastor. No obstante, si no tiene tiempo y es imposible conseguir verlo, se puede enviar el dossier por correo y llamar por teléfono para comprobar que lo ha recibido y ofrecerse para complementar cualquier duda.

El tiempo en que debe entregarse o mandarse el dossier es también importante. Si lo enviamos demasiado pronto, no se le hará caso, porque la urgencia de los acontecimientos diarios impide que se atienda algo que sucederá en varias semanas. Por el contrario, si se envía muy cercano al evento, tampoco se atenderá, dado que ya tienen otros asuntos en agenda. Hay que procurar llegar en el momento justo. Ese momento depende a veces de los propios medios, de modo que es bueno preguntar a los mismos redactores, cuándo querrían tener la información. En general, una semana antes del evento suele funcionar, aunque no estaría mal hacer el primer contacto con un mes de plazo, es decir, una simple llamada al medio para comentar el proyecto, informarles y preguntarles cómo puedes facilitar la información. Es bueno hacerse un tanto el inocente y dejar que sean ellos quienes nos guíen de acuerdo a sus ritmos de trabajo, pues nadie mejor que ellos los conocen. Por otro lado, a nadie le gusta que le digan lo que tiene que hacer o lo presionen.

Cuando enviamos el dossier por correo debemos escribir una carta de presentación, donde indiquemos de forma muy resumida quiénes somos, qué vamos a hacer, qué esperamos del medio. Si además, vamos a convocar una rueda de prensa, en dicha carta estarían los datos del lugar, hora, personas que participarán (buscando algún famoso que pueda interesar) y nuestros datos. Las cartas de presentación, aunque se envían por correo, no sirven de nada si sólo se mandan por correo postal o electrónico. Debemos llamar e interesarnos para saber si han llegado y contactar con el periodista que cubra las noticias de sociedad o religión para confirmar su recepción. Insisto, no hay nada como el cara a cara. Más vale un cara a cara al año que mil cartas sin contacto personal.

Los contenidos básicos de un dossier de prensa deben responder a las preguntas fundamentales ¿Qué? ¿Quién? ¿Cuándo? ¿Dónde? ¿Cómo? ¿Por qué? y ¿Para qué? Además se deben incluir fotos de los artistas o conferenciantes invitados, así como recortes de prensa de eventos similares, y muestras de la publicidad que se repartirá para invitar al evento. En el caso de las Iglesias Evangélicas, es conveniente añadir una breve reseña histórica para que conozcan sus raíces cristianas y en la Reforma, de modo que no la conecten con una secta, como ocurre tantas veces.

El diseño del dossier es muy importante. Los medios valoran mucho la imagen y determinan la seriedad del evento y de quienes lo convocan por la calidad del material, el diseño y la imagen del dossier. Algo digno, bien hecho, limpio y con estilo, atraerá más la atención. No olvidemos nunca que con los medios de comunicación, cualquier iniciativa nuestra está en competencia con miles de otras iniciativas y por lo tanto, debemos procurar que nuestro proyecto atraiga el interés.

A continuación pueden verse tres modelos de dossier de prensa. El primero está destinado a la campaña Impacto 2000 organizada por las Iglesias Evangélicas de Madrid para celebrar la llegada del año 2000. El segundo, se preparó para los medios no religiosos en la campaña Mi Esperanza de España en 2011. El tercero es del Festival con Luis Palau celebrado en Madrid en 2005.

# Celebración Aniversario 2000

## Campaña de información organizada por las Iglesias Evangélicas de Madrid

íglesia Evangélica
una vida nueva

17

# Contenido

1) Propósito de la Campaña

2) Información General

3) Ficha película "Jesús"

4) Preguntas más frecuentes sobre los evangélicos

5) Esquema de diferencias entre Católicos y Evangélicos

6) Ejemplo de anuncio publicitario

7) Foto de una Iglesia Evangélica

8) Direcciones de Contacto

9) Reseña Histórico Social del Protestantismo Español

Capítulo
**1**

# Propósito de la campaña
## La celebración del año 2000 de la era cristiana

**Exposición de Objetivos**

Después de 2000 años de historia, el cristianismo vive entre las luces y sombras que han caracterizado su desarrollo desde sus comienzos. Mientras en Europa lucha por sobrevivir, en muchos países del tercer mundo goza de una salud y vitalidad admirables, gracias en gran medida al empuje del movimiento evangélico. Ambas realidades se dan también en España, donde como puede verse en el informe "Reseña Histórico social del Protestantismo Español" existe un crecimiento constante de las Iglesias Evangélicas en un contexto social de confusión e ignorancia sobre su realidad. La presente campaña pretende:

**1**.- Fomentar la investigación personal sobre Jesucristo según el relato del Evangelio, utilizando formatos de comunicación actuales como son internet, el video y la revista.

**2**.- Dar una información objetiva a los madrileños sobre las Iglesias Evangélicas, su arraigo histórico en España desde la Reforma del siglo XVI, sus actividades y la relevancia de su mensaje cristiano.

**3**.- Ofrecer las actividades de atención a los necesitados de las parroquias o capillas evangélicas a todos los madrileños, explicando su naturaleza y facilitando su acceso a los mismos.

En un tiempo marcado por las grandes concentraciones religiosas en torno a un líder, que aglutina en su persona el protagonismo y la autoridad, esta celebración pretende que cada cristiano sea el protagonista y portavoz de su experiencia. No hay por lo tanto grandes eventos, ni figuras sobresalientes, tan sólo Jesucristo y su mensaje, su palabra que, todavía hoy, nos revela una nueva vida.

# Información General

Campaña Aniversario 2000 de Jesucristo

## Preguntas y respuestas

### Qué

Campaña de información sobre la relevancia del mensaje de Jesucristo para la sociedad española hoy, utilizando anuncios en los medios de comunicación, la distribución gratuita de la película "Jesús, el hombre que creías conocer" (ver ficha) y del Evangelio de San Lucas en formato revista, y realizando diversas actividades de carácter cultural, social y religioso en los barrios donde se encuentran ubicadas las parroquias evangélicas.

### Quién

Organizado por las Iglesias Evangélicas de Madrid con la cooperación del Consejo Evangélico de Madrid (CEM), y la Federación de Entidades Religiosas Evangélicas de España (FEREDE). El CEM mantiene en la actualidad un acuerdo de colaboración con la Comunidad de Madrid y la FEREDE es el órgano representativo de los protestantes españoles ante el estado.

### Cuándo

Del 27 de octubre al 10 de noviembre de 2000, será el arranque de la campaña, aunque muchas actividades locales se seguirán realizando hasta el final de año.

### Dónde

En la Comunidad Autónoma de Madrid.

### Cómo

Las Iglesias Evangélicas de la Comunidad de Madrid formaron una Mesa de Trabajo para poner en marcha el proyecto hace dos años. Desde entonces se ha promovido la financiación con donativos de los propios evangélicos madrileños, que han respondido de forma sacrificada y generosa cubriendo los 40 millones de pesetas que costará la campaña. Es interesante constatar que no existe ningún tipo de financiación pública para este proyecto, ni se ha solicitado, en tanto entendemos es nuestra responsabilidad la autofinanciación.

Para el área de publicidad se han contratado los servicios de la agencia Doblehache Comunicación (Ferraz, 80, 1º Iz. 28008 Madrid)

**Participantes**

Existen en la actualidad 220 parroquias evangélicas en la Comunidad de Madrid, de las que 178 han decidido participar en esta celebración del 2000 aniversario de Jesucristo. Dado que cada parroquia evangélica es autónoma en sus decisiones, alcanzar este grado de unidad y consenso es un éxito, sobre todo porque las que participan aglutinan al 95 % de los evangélicos madrileños. Es de destacar también que un tercio de las iglesias que participan son de etnia gitana (Iglesia de Filadelfia) por lo que esta celebración lleva implícito un mensaje de integración racial.

**Centro de Información**

Se ha habilitado un centro de comunicaciones con 30 líneas de teléfono para atender a las personas que deseen más información. El número de teléfono se dará a conocer en la publicidad y funcionará de 10:00 h. a 22.00 h.

# Jesús, el hombre que creías conocer

La película sobre Jesús más vista en el mundo

## Datos técnicos y audiencia

Esta película resume la vida de Jesús de manera real, natural y viva. El guión es el texto del Evangelio de Lucas. Aunque se han hecho muchas películas sobre la vida de Jesús, ninguna otra es comparable a esta:

1)  Filmada íntegramente en Israel, es la película sobre Jesús más fiel al texto del Evangelio y al contexto social e histórico que vivió Jesucristo.

2)  El 1 de enero de 2000 había sido vista por millones de personas en todo el mundo en 217 naciones.

3)  Está traducida a 660 lenguas, y cada 10 días de este año se termina una nueva traducción, de modo que para finales del año 2000 estará disponible en los idiomas conocidos por el 99% de la población mundial.

4)  Actores: Brian Deacon, Rivka Nolman, Yossef Shioah.
    Dirección. Hohn B. Heyman
    Producción: Proyecto Génesis

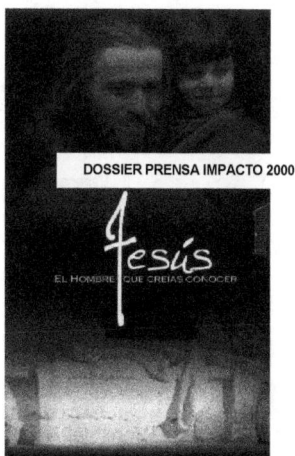

# Preguntas más frecuentes

Quiénes son los evangélicos

## Origen y naturaleza

### ¿De dónde hemos salido?

Los evangélicos y protestantes nos sentimos herederos del cristianismo del primer siglo, aunque como movimiento religioso nacemos en la Reforma que sacudió a Europa en el siglo XVI. La Iglesia se había alejado de la pureza del evangelio. Los que no estaban de acuerdo con la jerarquía, las indulgencias, el celibato, la idolatría, etc., y querían un cristianismo auténtico, se independizaron de Roma y fueron después conocidos como protestantes o evangélicos. Casiodoro de Reina (traductor de la Biblia) en Sevilla, y Juan de Valdés (Maestro de la Lengua Castellana), son algunos ejemplos.

### ¿Qué pretendemos?

Vivir una fe cristiana sencilla, basada sólo en la Palabra de Dios, Ayudar a los necesitados, mostrándoles la compasión y el amor de Jesucristo. Promover la lectura de la Biblia como fuente de sabiduría para la vida. Ofrecer nuestro compañerismo a todos los que buscan a Dios.

### ¿Dónde estamos?

En todo el mundo. El número de cristianos evangélicos y protestantes se calcula en más de 501 millones. La mitad de Europa se considera protestante o evangélica. Martin Luther King, premio Nobel de la paz, fue pastor evangélico. La Cruz Roja fue fundada en 1863 por el pastor evangélico Henri Dunant. La lista de evangélicos que han contribuido o contribuyen hoy al progreso humano es interminable.

En España hay más de 2.000 Iglesias Evangélicas. El Estado Español firmó acuerdos de cooperación con las Iglesias Evangélicas en 1992, gracias a los cuales hoy: Se enseña religión evangélica en los colegios; se emiten programas evangélicos en la televisión pública; se ofrece asistencia religiosa evangélica en hospitales y cárceles.

### ¿Qué actividades tenemos?

Los evangélicos nos ocupamos en los más diversos quehaceres. Tenemos colegios, hospitales, residencias de ancianos, centros de rehabilitación de drogadictos, campamentos infantiles y juveniles, centros para mujeres maltratadas, ONGs, etc.

La reunión principal de las Iglesias Evangélicas es el culto dominical, donde oramos, cantamos, leemos la Biblia y escuchamos la predicación de la Palabra de Dios.

## ¿Por qué hay tantos nombres?

La diferencia de nombres dentro de las Iglesias Evangélicas es comparable a la diferencia de grupos y órdenes religiosas dentro de la Iglesia Católica, donde hay franciscanos, dominicos, jesuitas, carmelitas y un número interminable de grupos con características propias, aunque todos son católicos. Estos nombres se deben al fundador y a las circunstancias en que cada uno de estos grupos surgió.

Algo parecido sucede entre los evangélicos. Esta es la razón de que haya bautistas, pentecostales, metodistas, independientes, y otros, pero todos son evangélicos. La mayoría de las denominaciones evangélicas están agrupadas en la Federación de Entidades Religiosas Evangélicas de España (FEREDE), para el apoyo mutuo, la colaboración de la defensa de intereses comunes.

## ¿Se puede participar?

Nuestras actividades son para todos. Dios sigue haciendo milagros y ayudando a todos aquellos que le buscan sinceramente y se dejan ayudar por él. Nuestra iglesia está abierta, y nuestra mano tendida.

## Breve reseña histórica sobre las Iglesias Evangélicas en Madrid

La presencia evangélica en la Comunidad de Madrid se puede constatar ya en el siglo XVI. El principal foco reformista de la época está en Alcalá de Henares. Personajes tan influyentes como Constantino Ponce de la Fuente, capellán de Carlos V, o el Dr. Juan Egidio, son procesados por la Inquisición. De hecho, el mayor número de procesos del Tribunal de Corte de Madrid lo ostentó el «luteranismo», con 617 casos (el 34 %).

Ya en 1525 se publica en Madrid un edicto contra los que «tienen muchos libros y escrituras de las obras hechas por el malvado heresiarca Lutero y sus secuaces». Y los terribles autos de fe celebrados en Sevilla y Valladolid en 1559 y 1560 repercuten en todos los demás tribunales originando una cruenta persecución de los protestantes, víctimas de las piras inquisitoriales. Los autos de fe se celebraban entonces en la plaza Mayor, desde donde se conducía a los condenados a los quemaderos, próximos a la calle de San Bernardo.

No será hasta el año 1869, con el triunfo de la revolución liberal y la introducción de un artículo en la Constitución concediendo cierta tolerancia religiosa, que muchos protestantes que habían vivido clandestinamente salgan a la luz organizándose en pequeñas iglesias.

Pero ya en 1835 se habían producido los primeros intentos de difusión de la Biblia, con los viajes de un aventurero inglés, agente de la Sociedad Bíblica Británica y Extranjera, que se estableció en una pensión detrás de la Puerta del Sol acabando en los calabozos de Madrid. El intrépido Jorge Borrow se entrevistó con Mendizábal y logró publicar en la capital una edición del Nuevo Testamento en el establecimiento del conocido escritor de economía política Andrés Borrego, propietario y director del periódico El español.

Borrow era popularmente conocido en la sociedad de Madrid como Don Jorgito, y llegó a abrir una tienda para la distribución de biblias, nuevos testamentos y evangelios en la calle del Príncipe, hasta que toda esa literatura fue secuestrada y prohibida por una Real Orden del año mil ochocientos treinta y ocho. Sus memorias sobre La Biblia en España fueron traducidas por el que sería luego presidente de la República, Manuel Azaña, en 1921, así como su famoso estudio sobre los gitanos de España (Los Zincali). Don Jorgito, «el inglés», hizo también una versión del Evangelio de San Lucas al caló, y fue especialmente respetado y admirado por la comunidad gitana madrileña, con la que frecuentemente se reunía en el barrio de Lavapiés para enseñarles a leer y escribir.

Pronto se abrieron cinco iglesias más, que han llegado hasta nuestros días, en diferentes barrios de Madrid. El segundo local estaba en la calle Madera Baja y congregaba a más de 1.000 personas, estableciéndose además allí una escuela gratuita que introdujo la pedagogía británica en Madrid. El pastor era un amigo de Castelar, Antonio Carrasco, vicepresidente de la Sociedad para la Abolición de la Esclavitud, que consiguió la libertad de 31.000 esclavos en Puerto Rico. Fue sucedido por Juan Bautista Cabrera, antiguo escolapio y compañero de exilio en Gibraltar de los generales liberales Prim y O'Donnell.

Entre las capillas evangélicas más populares de Madrid está la Iglesia del Salvador, fundada en la antigua plazuela del Limón (frente al cuartel del Conde Duque) por un misionero escocés llamado Jameson, y que ahora ocupa un antiguo caserón que había pertenecido a la Inquisición en la calle de Noviciado 5. Su pastor, Cipriano Tornos, había sido confesor de la reina Isabel II antes de convertirse al protestantismo. Esta iglesia de estilo neomudéjar está protegida como edificio de valor histórico-artístico para el Municipio de Madrid.

En la calle de Lavapiés (esquina a Ministriles Chica) estuvo desde 1870 la Primera Iglesia Bautista de Madrid, que había sido fundada por el misionero norteamericano William Knapp. La capilla contaba también con una escuela para niños de ambos sexos y tenía un equipo de músicos algunos de los cuales eran miembros de la Orquesta Real. Después de ocupar un local junto al puente de Vallecas, dicha capilla se instaló finalmente en su emplazamiento actual de la calle del General Lacy 16-18, detrás de la Estación de Atocha.

La última de las iglesias fundadas el siglo XIX fue la Asamblea de Hermanos de Chamberí (1888), hoy situada en la calle de Trafalgar 32, y que contó también con otra escuela infantil e incluso con un aula nocturna para alfabetizar a los obreros de los alrededores. La primera Iglesia Evangélica Pentecostal tiene todavía su local en la calle de Tortosa 3, al lado de la Estación del AVE, desde que en 1928 Antonio Rodríguez y varios misioneros suecos establecieran allí un centro de testimonio evangélico.

La llegada de la Segunda República supuso para las iglesias evangélicas un período de libertad, crecimiento y servicio a la sociedad muy importantes. En 1933 había en la Comunidad de Madrid doce iglesias, once escuelas de primera enseñanza y una de enseñanza superior. Pero este panorama de progreso y desarrollo quedó oscurecido por la guerra civil. (Los 22.000 protestantes españoles que había en 1936 se vieron reducidos a 7.000 al final de la guerra, mientras varias iglesias de Madrid se convierten en comedores de beneficencia.)

Con el triunfo del "Alzamiento Nacional", la mayor parte de las iglesias son destruidas o clausuradas, y los cultos, cuando los hay, han de celebrarse ilegalmente en casas particulares. Una era de intransigencia se cierne sobre el protestantismo español. «Nuestro Estado debe ser un Estado católico en el sentido espiritual y social, porque la verdadera España siempre ha sido, es y será católica», afirma ya en 1937 el general Franco. La situación legal de los protestantes españoles empeora gradualmente, a medida que la Iglesia de Roma afianza su situación de privilegio.

Abrogada la Constitución de 1931, cesó con ella la libertad religiosa, regresando el modelo de Estado confesional. Tal y como ha estudiado el prestigioso historiador Juan Bautista Vilar, «se dio una auténtica persecución en sus secuelas de asaltos, detenciones, violencias, torturas y asesinatos», ya que «por doquier fueron clausuradas capillas y escuelas, y los creyentes sometidos a toda suerte de presiones, castigos y vejaciones». A las multas y arrestos policiales, suceden los despidos laborales, encarcelamientos de soldados, denegaciones de pasaportes e interminables demoras en la autorización de matrimonios civiles.

En 1940 se procede a la incautación de las biblias existentes en la Sociedad Bíblica de Madrid. El Fuero de los Españoles de 1945 declara que «no se permitirán otras ceremonias ni manifestaciones externas que las de la religión católica» (Art. 11). La capilla de la calle de Trafalgar es asaltada violentamente en 1947, y sólo quedan en pie sus paredes. Se producen protestas en los parlamentos extranjeros, por vía diplomática y, sobre todo, en la prensa internacional, que condena enérgicamente los atropellos contra los protestantes españoles. Algunos presidentes, como el norteamericano Truman, llegan a quejarse al mismo Papa por la desgraciada situación de los evangélicos en España.

Los precintos judiciales en las capillas evangélicas entre 1954 y 1963, período que coincide con la clausura de la Iglesia Bautista de Usera, van acompañados de un notable crecimiento. En 1953 vuelven a ser confiscadas biblias y libros evangélicos de la imprenta de la calle de Larra 11, y se declaran fuera de la ley las actividades de la Sociedad Bíblica.

Las iglesias protestantes organizan la Comisión de Defensa Evangélica Española en 1956, con el pastor José Cardona como secretario ejecutivo, y Franco se ve en la necesidad de preparar un Estatuto jurídico para los evangélicos de nuestro país, la Ley Reguladora del Derecho Civil en Materia de Libertad Religiosa de 1967, que contenía más prohibiciones que libertades. Es en ese tiempo cuando comienzan a identificarse los lugares de culto protestantes mediante signos externos. Se autorizan publicaciones para el uso interno de las iglesias, se permite la apertura de seminarios y se hace más fácil el matrimonio civil para los no católicos.

Pero continúa la represión en las Fuerzas Armadas, desapareciendo en cambio el proselitismo como delito condenable por el artículo 2 de la Ley de Orden Público.

Con la llegada de la democracia a nuestro país a finales de los años setenta, se promulga finalmente, en 1980, la Ley de Libertad Religiosa, resultado de una Constitución que por primera vez reconoce el principio de aconfesionalidad del Estado. En 1986 se constituye la Federación de Entidades Religiosas Evangélicas de España (FEREDE), y el 10 de noviembre de 1992 aparecen en el B.O.E. los Acuerdos de Cooperación del Estado con la FEREDE, después de haberle sido reconocido al protestantismo español un "notorio arraigo".

# Esquema de diferencias

## ¿Cuál es la diferencia entre Católicos y Evangélicos?

**Aspectos fundamentales**

| | Católicos | Evangélicos |
|---|---|---|
| **AUTORIDAD** | • El papa<br>• La jerarquía<br>• La tradición y el dogma | • La Biblia, única norma de fe y conducta<br>• La Asamblea General de miembros de una congregación |
| **SACERDOTES** | • Nombrados por la jerarquía<br>• Oficiales de la Iglesia<br>• Financiados por el Estado<br>• No pueden casarse | • Pastores, elegidos por los feligreses<br>• Al servicio de los miembros<br>• Sostenidos por la congregación o por trabajo secular<br>• Pueden casarse |
| **SALVACION** | • Hay que hacer obras<br>• Hay que cumplir los mandamientos de la Iglesia<br>• Hay que tomar los sacramentos<br>• Nadie está seguro de alcanzarla | • Nadie puede salvarse por obras<br>• Es por gracia, porque nadie la merece<br>• Es un regalo que recibimos por fe, arrepintiéndonos y aceptando el perdón de Cristo<br>• Paz por la seguridad de haberla recibido |
| **VIRGEN** | • Concibió a Jesucristo siendo virgen<br>• Por obra del Espíritu Santo<br>• Es mediadora ante Dios | • Concibió a Jesucristo siendo virgen<br>• Por obra del Espíritu Santo<br>• Sólo hay un mediador y es Jesucristo |
| **IMÁGENES** | • Forman parte del culto católico<br>• Son veneradas | • La Biblia prohíbe el culto a las imágenes<br>• Sólo hay que dar culto a Dios |

Como todo intento de síntesis, esta tabla apunta a las diferencias sin explicarlas, por lo que es posible que haya objeciones a la misma tanto desde el campo católico como evangélico. Su utilidad por lo tanto no es la de un tratado de teología, y no ha de evaluarse desde esta perspectiva. Aquí sólo se identifican las principales áreas de controversia que a lo largo de la historia (y aún hoy) han marcado la distancia entre las dos confesiones.

## Ejemplo anuncio

**Vallas y Marquesinas**

¿Sientes
que el mundo
# se te viene
# encima?

*Venid a mi todos los que estáis cansados y agotados, yo os haré descansar.* **Jesús** Mateo 11.28

**Su Palabra te revela una vida nueva**

**Iglesia Evangélica**
una vida nueva

Acude a la Iglesia Evangélica. Infórmate en el 900 000 000
O en nuestra web: *www.evangelica.com*

## Foto Iglesia Evangélica

Capítulo
# 8

# Direcciones de contacto
Para mayor información

## Datos de interés

### Dirección Postal

OFICINA DE ORGANIZACIÓN
C/ Mequinenza, 20
28022 MADRID
Teléfono 91 742 79 11
Fax 91 320 94 88

### Internet

www. Aniversario2000.org
e-mail: info@aniversario2000.org

### Mesa Trabajo

PRESIDENTE:  Federico Aparisi
COORDINACION:  Juan Blake
ADMINISTRACION:  José Luis Briones
PRENSA: José Pablo Sánchez
CENTRO INFORMACION:  Emilio Aparicio
PUBLICIDAD: José Luis Andavert

### Consejo Evangélico de Madrid

CEM
Pablo Serrano, 9 post
28043 MADRID

mi
esperanza

C/ Maquinenza, 20 28022 –Madrid–
Tlf.: 91 240 23 02 / Móvil: 652 669 698

**www.miesperanza.es**

prensa@miesperanza.es
Responsable de prensa: **Ezequiel Fernández**

## Necesidad

Vivimos en tiempos de crisis. Cada día nos levantamos con una nueva noticia que muestra como nuestro mundo sufre y está al borde del precipicio. El paro, los desahucios, la quiebra de bancos, empresas y países; han generado una gran desesperanza. Hoy más que nunca necesitamos ofrecer respuestas y contribuir a fomentar la esperanza de que un mundo mejor es posible.

En España existe un gran analfabetismo religioso en todo aquello que no es católico. En concreto la cultura española está marcada por la ignorancia y los estereotipos sobre el protestantismo, que los años de intolerancia promovieron en la sociedad, algo que fomenta la xenofobia religiosa activa o pasiva, consciente o inconsciente. Las Iglesias Evangélicas asumen su parte de responsabilidad en no haber logrado darse a conocer, y quieren aprovechar en esta campaña los medios de comunicación para expresar sus ideas y contribuir así en la construcción de una sociedad más plural y tolerante. Además, vivimos tiempo de crisis, donde es necesario que se integren todas las alternativas que contribuyan a fomentar la confianza y la esperanza. En este terreno el cristianismo protestante es un colectivo que ya está haciendo esta labor de muy diferentes formas en todo el territorio español.

## ¿Qué es?

*Mi esperanza* es el proyecto que más iglesias y entidades evangélicas ha unido en la historia de España. Un proyecto que pretende informar, contagiar esperanza y demostrar el poder de la fe, apoyándose en la experiencia de algunos de sus miembros representativos: desde gente anónima, hasta famosos y eruditos que comparten sus valores en tres programas de televisión, que se emitirán en horario de máxima audiencia y en un canal de alcance nacional.

Alrededor de este eje central, los miembros de cada iglesia (parroquia) utilizarán estos programas para invitar a sus casas a amigos y compañeros de trabajo, para compartir en un ambiente distendido e informal el contenido de los programas. Creemos que es tan importante (¡o más!) hablar de la visión de la vida desde la fe, como de fútbol o política.

## ¿Quién organiza?

Se ha formado un Comité Nacional compuesto por representantes de un amplio abanico de organizaciones evangélicas españolas que trabajan en colaboración con la Asociación Evangelística Billy Graham. El proyecto nace a raíz de la invitación de FEREDE (Federación de Entidades Religiosas Evangélicas de España) a la Asociación Evangelística Billy Graham para que colaborase con las Iglesias de España en el desarrollo de *Mi Esperanza* en nuestro país, dados los buenos resultados que ha obtenido el proyecto en otros países.

2

## ¿Cuándo?

Los programas de televisión se emitirán los días 15, 16 y 17 de diciembre de 2011 en Solidaria TV, Intereconomía televisión y otros canales a las 21:30 horas. Previa a la emisión habrá una campaña de información dentro y fuera de las Iglesias Evangélicas.

## ¿Cómo?

Cada programa de televisión es diferente aunque presenta un esquema similar. Dura 30 minutos y cuenta con testimonios de gente anónima de diferentes perfiles que responden a la realidad social de los evangélicos que residen en España. Todos ellos expresan la experiencia y la fuerza que les da su fe en el día a día, con el objetivo de dar a conocer a Jesucristo y no a una determinada confesión religiosa. También participarán algunos famosos como el futbolista Kaká o el cantante Juan Luis Guerra. En cada programa habrá además un breve discurso del pastor evangélico Billy Graham, ofreciendo un mensaje de esperanza ante la crisis global que sacude nuestro mundo.

Billy Graham es uno de los más reconocidos líderes evangélicos del mundo, que a lo largo de su vida ha sido la persona elegida por los sucesivos presidentes norteamericanos electos para realizar la oración que finaliza con la toma oficial de su cargo. En la ceremonia de Obama ha sido la primera en la que no ha participado, ya que por su edad prefirió que se eligiese otra persona. Aún así, Obama decidió ir a verle a su casa unos días después.

## ¿Dónde?

Los programas serán emitidos para toda España por Intereconomía TV. Este canal fue elegido con criterios comerciales, sin que exista ninguna otra vinculación, por su alcance nacional y por haber mostrado su buena disposición para emitir los programas. Además, hay otros canales locales que también los emitirán. La lista de estos canales, está disponible en la web: www.miesperanza.es, donde también se emitirán los programas online.

## Quiénes son los evangélicos

Aunque comúnmente se cree que la Reforma se inicia en el Siglo XVI, en España ya habían sido muchas las voces, los movimientos y las vivencias que habían abogado por la vuelta a los principios del cristianismo primitivo. Aunque los brotes de protesta fueron perseguidos, merece la pena citar dentro de España a los movimientos Alvigenses y Valdenses como percusores del protestantismo español.

En sus inicios, el protestantismo español se extendió especialmente entre la clase noble y culta, debido a su relación con el humanismo y la lectura de la Biblia. Como testimonio de este periodo, están nombres insignes como el de Juan de Valdés (Alcalá de Henares), Francisco de Enzinas (Burgos), los ex-monjes Casiodoro de Reina y Cipriano de Valera (Sevilla), el Doctor Cazalla (Valladolid) y Antonio del Corro (Sevilla). A Reina y Valera se les debe la primera traducción completa de la Biblia al castellano.

3

Tras la persecución de la Inquisición, los protestantes españoles vivieron en la clandestinidad, diezmados por los procesos del Santo Oficio y el exilio voluntario. Durante los Siglos XVII y XVIII la naciente Reforma Española quedó condenada a la más absoluta clandestinidad. No obstante, de la información procedente de los archivos del Santo Oficio, se demuestra que las traducciones bíblicas en castellano y euskera siguieron circulando por España, mientras que los protestantes nacionales y extranjeros, desfilaban en Autos de fe o buscaban la seguridad del exilio. Los que consiguieron salir a países tolerantes produjeron literatura y la enviaron a España.

Durante el Siglo XVIII y comienzos del XIX las relaciones económicas y militares especialmente con Inglaterra hacen que comience a aflojarse la tensión sobre los protestantes extranjeros, permitiéndoles la libertad de conciencia aunque no la libertad de cultos.

A partir del primer tercio del siglo XIX comienza un periodo denominado por algunos historiadores como segunda reforma en España en el que tiene lugar el establecimiento formal y el desarrollo de Iglesias e instituciones evangélicas que ha continuado tras diversos avatares hasta el día de hoy. Sin embargo las constituciones y los proyectos constitucionales de principios y mediados del Siglo XIX presentan diferencias en cuanto al talante conservador o liberal, pero muestran muy poco avance en materia religiosa, continuando con el predominio de la confesión católica e intolerancia para el resto de las religiones. Sin embargo, desde el alzamiento de La Gloriosa hasta la II República, comienzan a edificarse las primeras capillas y escuelas evangélicas con un notorio crecimiento.

La guerra civil española y el régimen político instaurado tras ella, lesionaron gravemente los activos del Protestantismo. Aunque no se dispone de estadísticas fiables, se calcula que al final de la guerra habían quedado en España 7.000 protestantes (casi todos de nacionalidad española). Algunos inmuebles habían sido saqueados (Iglesias, colegios, cementerios...) perdiéndose enseres y escrituras de propiedad; otros fueron clausurados o sufrieron expropiaciones.

La Iglesia Evangélica inició el periodo de posguerra con grandes dificultades. Se crearon los impuestos a las minorías religiosas (judíos y protestantes especialmente) que fueron condenadas a vivir al margen de la legalidad, colocándoseles el estigma de "rojos o masones", con lo que se añadía un componente político al recelo despertado por el mero hecho de profesar otra religión.

Ante las dificultades habidas para la convivencia religiosa de las minorías, las Iglesias Evangélicas decidieron organizarse en aras a la promoción y defensa de la libertad religiosa y la tolerancia. A estos efectos, el 14 de mayo 1956 se constituyó la Comisión de Defensa Evangélica.

La Comisión de Defensa Evangélica trabajó para informar a la prensa e instituciones europeas de la situación que estaba viviendo en España la Iglesia Evangélica. Al mismo tiempo iniciaron contactos con autoridades españolas solicitando el ejercicio de la tolerancia hacia las minorías religiosas.

Se inició un proceso de paulatina reducción de la presión ejercida hacia los protestantes, favoreciendo que se abrieran las capillas clausuradas o carentes de permiso gubernamental de apertura. Se trazaba el camino hacia la tolerancia, entendiendo ésta como la permisividad de actividades privadas a los protestantes y otras minorías.

4

El nuevo régimen político instaurado con la Constitución Española de 1978 supuso un giro copernicano con respecto a la situación anterior. La lucha protestante por la libertad cosechó allí sus primeros frutos. En 1982 por primera vez se plantea en la Comisión Asesora de Libertad Religiosa del Ministerio de Justicia la posibilidad de firmar acuerdos de cooperación con las confesiones Judía, Musulmana y Protestante.

Paralelamente a las conversaciones de los asuntos propios de los Convenios, se trabajó para obtener la declaración del notorio arraigo a la que alude la Ley Orgánica de Libertad Religiosa, como requisito para la firma de los Acuerdos de Cooperación. La Administración exigió también a las Confesiones minoritarias la creación de un instrumento jurídico que pudiera actuar en nombre de las distintas entidades que pertenecen a la misma confesión y suscribir el correspondiente Acuerdo de Cooperación. En el caso del protestantismo, se constituye a estos efectos, en noviembre de 1986, la FEREDE (Federación de Entidades Religiosas Evangélicas de España).

Desgraciadamente, los principios de la Constitución y de la Ley Orgánica de Libertad Religiosa no han tenido el efecto de eliminar las formas de privilegio y discriminación propias de un Estado confesional y en consecuencia persisten situaciones de desigualdad y discriminación que al amparo del hecho de que la mayoría de la población es formalmente católica gozan del aplauso o el silencio de legisladores, gobernantes, doctrina científica, religiosos etc. Esto favorece la pervivencia y mantenimiento de un estatuto de privilegio que quebranta nuestra Constitución y resalta la urgencia de una reflexión sobre la forma de afrontar la transición religiosa (asignatura pendiente de la transición política). La contribución de las iglesias evangélicas a este proceso de normalización pasa por la información, el dar a conocer la realidad protestante española tal y como es y no como se ha dibujado a lo largo de los siglos. El proyecto Mi Esperanza forma parte de este proceso, y es una apuesta por la tolerancia desde el respeto por todas las ideologías y confesiones.

Lugares de culto en España:

- Católicos: 23.074
- Evangélicos: 2.944
- Musulmanes: 988
- Judíos: 30

Según los datos proporcionados por FEREDE, se calcula que en España el número de creyentes evangélicos es de aproximadamente 1.200.000; siendo la minoría religiosa más importante.

5

# MI ESPERANZA
## Sinopsis de los programas

Los tres programas de Mi Esperanza tendrán una duración de 30 minutos y seguirán la misma estructura narrativa. Dentro del género de reportaje o documental, se darán a conocer el testimonio de diferentes personas que hablarán de su realidad, de su entorno y de cómo su condición de creyentes influencia su estilo de vida. Además, los programas nos acercarán a la figura del Dr. Billy Graham, uno de los más importantes líderes evangélicos de la historia moderna.

La productora Intermedia Audiovisual es la encargada de llevar a cabo la realización técnica de este proyecto que también contará con la participación de algunos rostros conocidos como Kaká o Juan Luis Guerra.

## Listado de contenidos:

**"Mi Esperanza" Programa 1 FAMILIA**

1. Alicia - geóloga
2. Antonio - Paleontólogo
3. Mario – Escritor
4. Daniel – Actor- (corto)
5. David – Músico (corto)
6. Hérica - Spanair
7. Kaká – jugador fútbol (corto)
8. Juan Luis Guerra – cantante (corto)
9. Marta – Familia acogida
10. Jesús - Familia acogida
11. Esther – Psicoterapeuta
12. Anna - Cantante
13. Coro Gospel

**"Mi Esperanza" Programa 2 JÓVENES**

1. David - Alpinista
2. Antonio – paleontólogo (corto)
3. Alicia – Paleontóloga ( corto )
4. Atanasio – Policía ( corto )
5. Daniel – Actor
6. Anna – cantante
7. Kaká – jugador fútbol (corto)
8. Juan Luis Guerra – cantante (corto)

9. Eunice – Enfermera
10. Mario – Escritor ( corto)
11. Jesús - acogida ( corto)
12. Daniel – 11-M (corto)
13. Esther – Psicoterapeuta ( corto)
14. David – Músico
15. Coro Gospel

**"Mi Esperanza"**
**Programa 3 CRISIS EN LA VIDA**

1. Miguel-Carmen REMAR
2. David - Alpinista (corto)
3. Ester – terapeuta ( corto)
4. Jesús – acogida ( corto)
5. Joserra - ex -caleborroka
6. Daniel – 11 M
7. Atanasio – policia
8. Kaká – jugador fútbol (corto)
9. Juan Luis Guerra – cantante (corto)
10. Jesús – Pastor evangélico prisiones
11. David - Músico (corto)
12. Eunice – enfermera (corto)
13. Alicia - Paleontóloga (corto)
14. David – Proyectos cooperación
15. Coro Gospel

6

# ¿Quién es Billy Graham?

Billy Graham ha sido considerado el pastor evangélico más importante e influyente en el mundo durante el siglo XX, desde un punto de vista humano y social. Su nombre figura en las enciclopedias al lado de grandes figuras del pensamiento y el estilo de vida "evangélico" como Lutero, Calvino, Juan Wesley, D.L. Moody, C.S. Lewis, o Martin Luther King, entre otros, aunque ninguno de ellos alcanzase los honores que Billy Graham ha recibido en vida, y no sólo entre la comunidad evangélica.

Entre 1950 y 1990 apareció entre las diez personas más admiradas en Estados Unidos, según la encuesta publicada por Gallup, siendo además, el único que ha conseguido estar 50 veces en esta lista a los largo de los años. También ha sido portada de la revista Time en cuatro ocasiones y ha recibido la Medalla de Oro del Congreso de los Estados Unidos. Por su contribución a los derechos civiles y religiosos durante más de 60 años, la reina de Inglaterra le condecoró como Caballero Comandante de la Excelentísima Orden del Imperio Británico en 2001. En varias ocasiones también ha sido premiado por su aportación a la reconciliación racial y al avance de la libertad religiosa en el mundo.

La historia de Billy Graham empieza a tomar forma cuando en 1937 da comienzo a sus estudios en el Instituto Bíblico de Florida. Aunque esta formación espiritual y teológica puso el fundamento de su futuro ministerio, de cara a la sociedad civil esos estudios no tenían mucho valor. Debido a esto, en 1940 inicia sus estudios en antropología en la prestigiosa universidad Wheaton College, donde dos años después llegaría a ser el presidente del consejo estudiantil. Dichos estudios en antropología complementaron la formación académica de Billy, añadiendo una visión cultural y sociológica, que marcó su trabajo, dándole una mayor capacidad de articular sus ideas y comunicarlas, tanto en su cultura como en otras. Una vez finalizados sus estudios, ejerció como pastor durante un breve periodo de tiempo.

En 1950 funda la Asociación Evangelística Billy Graham. Desde el primer momento Billy Graham quiso mantener entre él y su equipo ciertos valores que regirían su manera de entender el evangelio, como por ejemplo la absoluta integridad moral y transparencia financiera; o el trabajar conjuntamente e involucrar en sus proyectos a todas las iglesias de la ciudad cuando fuera posible. Estos

7

principios marcaron el ministerio de Billy Graham y crearon una escuela, un paradigma, una forma de llevar a cabo la misión, imitada en todo el planeta.

El trabajo llevado a cabo por Billy Graham ha propiciado que la misma prensa estadounidense que históricamente ignoraba a los evangélicos y sus actividades no pudieran soslayar la influencia e importancia del predicador. Una muestra más de su relevancia, fue su elección para tener unas palabras en el funeral de estado por las víctimas del atentado terrorista del 11S. No era la primera vez que se dirigía a la nación ante la más alta representación política y social. Nixon, Clinton, Bush, Carter, y Ford, al igual que el resto de presidentes norteamericanos desde la II Guerra Mundial, habían solicitado con frecuencia la guía espiritual de Billy Graham, aunque él siempre hubiese defendido la idea de que "los evangélicos no pueden identificarse plenamente con ningún partido político o persona. Tenemos que estar en el medio, para predicar a todas las personas, de derechas y de izquierdas."

Hoy en día, Billy Graham está retirado de la vida pública. Con 93 años, Billy Graham vive sólo en la cabaña que diseñó su esposa Ruth, fallecida en junio de 2007. Allí fue a visitarle el presidente Obama después de tomar el cargo. El paso de los años y las enfermedades dejan su huella. Aquel joven alto, enérgico, apasionado y trabajado es ahora un anciano respetable. Su relevo lo ha tomado su hijo Franklin Graham quien dirige hoy la AEBG, además de la ONG Samaritan's Purse, continuando con la labor que comenzó su padre hace más de tres décadas. Billy Graham no es "el Papa evangélico" como muchos le han denominado, pero sí debería ser considerado como uno de los "padres" del movimiento evangélico, junto a otros nombres ilustres de aquellos que dedicaron su vida a la extensión del Reino de Dios.

# Resumen Biografía Billy Graham, Obras publicadas y Premios

## FECHA Y LUGAR DE NACIMIENTO

7 de Noviembre de 1918, Charlotte, Carolina del Norte, EE.UU.

## PADRES

William Franklin Graham (fallecido en 1962) y Morrow Coffey Graham (fallecida en 1981).

## ESTADO CIVIL

Viudo de Ruth McCue Bell, fallecida en 2007.

## ESTUDIOS

1940 - Se gradúa en el **Florida Bible Institute** (Hoy **Trinity College**).

1943 - Se gradúa como B. A. (Licenciado en Artes) en el **Wheaton College**, Wheaton, Illinois.

## MINISTERIO

1939 - Es ordenado pastor por una iglesia de la **Convención Bautista del Sur** en EE.UU.

1943-45 - Pastor de la **Primera Iglesia Bautista de Western Springs**, Illinois.

1945-50 - Vicepresidente fundador de **Juventud Para Cristo Internacional**, Chicago, Illinois.

1947-52 - Presidente de **Northwestern College** (Facultad de Artes Liberales, Instituto Bíblico y Seminario Teológico)

1950 - Funda la **Asociación Evangelística Billy Graham** en Minneapolis, Minnesota.

1950 - Comienza el programa de radio **Hora de Decisión**, que se ha emitido cada domingo en todo el mundo durante más de 50 años.

## OBRAS PUBLICADAS

1947 - **Calling Youth to Christ** (Llamando a los jóvenes a Cristo).

1952 - Autor de la reconocida columna **Mi respuesta**, que se publica en EE.UU. y otros países.

1953 - **I Saw Your Sons At War** (Vi a tus hijos en la guerra).

1953 - **Peace With God** (Paz con Dios): más de 2 millones de ejemplares vendidos; traducido a 38 idiomas; edición revisada y ampliada en 1984

1955 - **Freedom from the Seven Deadly Sins** (Libertad de los siete pecados mortales).

1955 - **The Secret of Happiness** (El secreto de la felicidad).

1958 - **Billy Graham Talks to Teenagers** (Billy Graham habla a los adolescentes).

1960 - **My Answer** (Mi respuesta).

1960 - **Billy Graham Answers Your Questions** (Billy Graham responde sus preguntas).

1965 - **World Aflame** (El mundo en llamas): integra la lista de **bestsellers** de **The New York Times** y la revista **Time** durante varias semanas.

1969 - **The Challenge** (El desafío).

1971 - **The Jesus Generation** (La generación de Jesús).

10

1975 - **Angels: God's Secret Agents** (Ángeles: Agentes secretos de Dios): integra la lista de **bestsellers** de **Publishers Weekly** y **The New York Times** durante 21 semanas: "Premio Libro de Platino" de la **Asociación de Editores Cristianos Evangélicos** (ECPA).

1977 - **How To Be Born Again** (Cómo nacer de nuevo).

1978 - **The Holy Spirit** (El Espíritu Santo): "Premio Libro de Oro" de la ECPA.

1981 - **Till Armageddon** (Hasta el Armagedón): "Premio Libro de Platino" de la ECPA.

1983 - **Approaching Hoofbeats: The Four Horsemen of the Apocalypse** (Los cuatro jinetes del Apocalipsis): integra la lista de **bestsellers** de **The New York Times**, "Premio Libro de Oro" de la ECPA.

1984 - **A Biblical Standard for Evangelists** (Un modelo bíblico para evangelistas).

1986 - **Unto the Hills** (A las colinas).

1987 - **Facing Death and the Life After** (Enfrentando la muerte): 21 semanas en la lista de **bestsellers** de la **Christian Booksellers Association**.

1988 - **Answers to Life's Problems** (Respuestas a los problemas de la vida).

1991 - **Hope for the Troubled Heart** (Esperanza para el corazón afligido).

1992 - **Storm Warning** (Aviso de tormenta)

1997 - **Just as I Am** (Tal como soy).

2002 - **Hope for Each Day** (Esperanza para cada día).

2005 - **Living in God's Love: The New York Crusade** (Viviendo en el amor de Dios: La cruzada de Nueva York): Reimpreso en tapa blanda en 2006 con el título **The Last Crusade** (La última cruzada).

2006 - **The Journey: How to Live by Faith in an Uncertain World** (El viaje: Cómo vivir por fe en un mundo incierto).

## DISTINCIONES Y HONORES

**Lo que sigue es un detalle parcial de las numerosas distinciones recibidas por el Dr. Graham**

+ Incluido entre "Los Diez hombres más admirados del mundo" en la encuesta de la **Organización Gallup** desde 1955 (53 veces en total, 47 de ellas consecutivamente).Este dato lo coloca a la cabeza de las personas más admiradas por los estadounidenses durante las últimas cinco décadas.
+ "Religioso del año", **Washington Pilgrimage**, 1956 (Medalla al Servicio Distinguido del Ejército de Salvación).
+ Nombrado "Persona Distinguida" por la **Freedoms Foundation** (varios años).
+ "Medalla de Oro", **National Institute of Social Science**, Nueva York, 1957.
+ "Premio Anual Gutenberg", **Chicago Bible Society**, 1962
+ "Premio de Oro", **George Washington Carver Memorial Institute** (1964), por su contribución a la mejora de las relaciones interraciales, entregado por el senador Javits, de Nueva York.
+ "Orador del año", 1964.
+ "Plato de Oro", **American Academy of Achievement**, 1965.
+ Premio "Horatio Alger", 1965.
+ "Premio de Ciudadanía Nacional", **Asociación de Capellanes Militares de los EE.UU.**, 1965.
+ Premio de Honor "Wisdom", 1965.
+ Premio "Hermano Mayor del Año", entregado en la Casa Blanca, Washington D.C., en 1966, por su contribución en pro de la niñez.
+ Placa "La Antorcha de la Libertad", **Liga Anti-difamación de la B'nai B'rith**, 1969.
+ Medalla de Honor "George Washington", **Freedoms Foundation de Valley Forge**, Pennsylvania, por su sermón "La sociedad Violenta, 1969.
+ Honrado por **Morality in Media** por promover los principios de la verdad, el buen gusto, la inspiración y el amor en los medios, 1969.
+ Premio a la "Hermandad Internacional", **Conferencia Nacional Cristiano-Judaica**, 1971.
+ Premio al "Servicio Distinguido", **National Association of Broadcasters**, 1972.

- Premio "Franciscano Internacional, 1972.
- Premio "Sylvanus Thayer", Asociación de Graduados de la Academia Militar West Point (el premio más prestigioso que la academia militar de los Estados Unidos otorga a un civil estadounidense). 1972.
- Medalla de Honor "George Washington" al patriotismo, **Freedoms Foundation de Valley Forge,**1974.
- Premio "Philip", **Asociación de Evangelistas Metodistas Unidos**, 1976.
- "Primer Premio Nacional Interreligioso", **Comité Judío Estadounidense**, 1977.
- Medalla a la "Distinción en Comunicaciones", **Comisión de Radio y Televisión de los Bautistas del Sur**, 1977.
- Medalla "Jabotinsy Centennial", **Fundación Janotinsky**, 1980.
- Premio del **Religious Broadcasting Hall of Fame**, 1981.
- Premio al Progreso en el Ámbito Religioso, **Fundación Templeton**, 1982.
- "Medalla de la Libertad", **premio presidencial**, 1983 (la más alta distinción que puede recibir un civil en los EE.UU.).
- "Premio al Mérito", National Religious Broadcasters Assn., 1985.
- Premio al Servicio Público, estado de Carolina del Norte, 1986.
- Medalla de Oro del Congreso, la más ata distinción entregada por el Congreso de los EE.UU. a un civil en ese país, 1996.
- Encuesta de "Good Housekeeping" sobre los "Diez hombres más admirados" (número 1 durante cinco años consecutivos; entre los 10 primeros lugares durante 16 años), 1997.
- Incluido en el Salón de la Fama de la Música Gospel, **Gospel Music Association** (el primero en ser incluido sin ser músico), 1999.
- Premio Libertad, Fundación Presidencial Ronald Reagan, por sus monumentales y permanentes contribuciones a la causa de la libertad, 2000.
- "Honorary Knight Commander" de la **Orden del Imperio Británico** por su contribución internacional a la vida cívica y religiosa durante 60 años, 2001.
- Numerosos títulos honorarios.

## HIJOS y NIETOS

Virginia (1945), Anne Morrow (1948), Ruth Bell (1950), William Franklin, III (1952), Nelson Edman (1958). Tiene 19 nietos y numerosos bisnietos.

## LUGAR DE RESIDENCIA

Actualmente, Billy Graham vive en las montañas de Carolina del Norte.

festiMadrid
con Luis Palau

# Acerca del Dr. Luis Palau

## y Sus Festivales de Buena Música y Buenas Noticias

Oficina: Mequinenza, 20 – Madrid (28022)
Tel/Fax: 91 320 94 88 – E-mail: madrid@festivalconpalau.org -
Web: www.festimadrid.org

El Dr. Luis Palau, ha hablado a 800 millones de personas en 112 países a través de la radio y la televisión, y a 22 millones de personas cara a cara en 80 países del mundo durante sus 39 años de trayectoria.

### ¿Quién es Luis Palau?

El Dr. Palau es el pastor evangélico de habla hispana más reconocido y apreciado por los protestantes y cristianos de todo el mundo. Es un hombre sencillo pero profundo, que logra captar la atención del público dondequiera que va. Sus mensajes, que muestran la relevancia actual del Evangelio de Jesucristo, están siempre orientados hacia la autenticidad, el compromiso y el amor al prójimo, con el fin de rescatar y elevar los valores morales y éticos del conjunto de la sociedad.

Hijo de emigrantes españoles, nació en un pequeño pueblo llamado Ingeniero Maschwitz, en la provincia de Buenos Aires, Argentina, el 27 de noviembre de 1934. En 1961 se casó con Patricia Scofield, con quien tiene cuatro hijos y diez nietos.

Estudió en la escuela San Albano en Buenos Aires, institución que es parte del programa extranjero de la Universidad de Cambridge. Completó su posgrado en el seminario Multnomah School of the Bible, en Oregon (EE.UU.). El Dr. Luis Palau es un perfecto bilingüe en castellano e inglés. Cuenta con Doctorados honoríficos en Divinidad de las siguientes instituciones: Seminario Teológico Talbot, La Mirada, California; Wheaton College, Illinois; y George Fox College, Oregon. Doctorado en Teología de la Universidad Mariano Gálvez en la ciudad de Guatemala.

Durante la década de los setenta, la fama de Palau como un gran comunicador se extiende por toda América y comienzan a llegarle invitaciones desde Europa y el resto del mundo.

Para atender esta demanda, fundó la ONG Asociación Luis Palau. Desde aquel momento, grandes multitudes comenzaron a llenar salones de con escucharlo. En países tan diversos como Argentina y Brasil, Colombia y Costa Rica, Dinamarca y Guatemala, Hungría y China, India e Indonesia, Jamaica y México, Nueva Zelanda y Perú, las Filipinas y Rumania.

Por otra parte, Palau ha escrito 44 libros en español e inglés, algunos de los cuales están traducidos a 35 idiomas.

Además, sus eventos son transmitidos por satélite a todo el mundo y sus programas de radio y televisión tienen más de treinta años en el aire. En la actualidad, 2.100 radioemisoras en 48 naciones transmiten diariamente el programa "Luis Palau Responde".

### *Festival con Luis Palau*

Desde comienzos del presente siglo, la Asociación Luis Palau ha llevado a cabo sus Festivales en lugares abiertos, ofreciendo a la ciudad receptora una gran celebración para todos sus ciudadanos. La buena música de variados ritmos y los intérpretes reconocidos mundialmente como Juan Luis Guerra, José Luis "EL PUMA" Rodríguez, y Yuri entre otros, atrae a personas de todo tipo y edad. El hecho de realizarse al aire libre, sin costo alguno, ni pedido de donativos posteriores, con un mensaje actual y motivador, hacen de un Festival con Luis Palau un evento multitudinario e impactante para la sociedad.

El 11 y el 12 de marzo pasado se llevó a cabo el Festival Mendoza 2005. Este Festival se realizó por una invitación extendida por el mismo Gobernador de la Provincia, el Ingeniero José Luis Cobos, y se llevó a cabo como parte de los festejos de la tradicional e internacional FIESTA DE LA VENDIMIA, congregando en dos noches a más de 150.000 personas.

### *La Organización*

Un Festival con Luis Palau requiere de un gran trabajo previo que se realiza por invitación y en colaboración con las Iglesias Evangélicas, entidades y asociaciones cristianas de la ciudad, a través de una Comisión Directiva. La financiación del evento viene por donativos de individuos, empresas, iglesias y fundaciones que valoran la actividad y la apoyan, tanto en España como en el extranjero. Hace dos años que comenzaron los preparativos de Festimadrid.

### El Festival en sí

El enfoque central del Festival con Luis Palau consiste en dos días de reuniones masivas al aire libre en las que Palau presenta un mensaje de esperanza en un marco de buena música. También se montan diferentes exhibiciones deportivas según las posibilidades de cada lugar, y una zona especial para niños con juegos acordes a sus necesidades.

Estos dos encuentros son la culminación de una serie de actividades que se desarrollan la semana previa, orientadas a grupos sociales afines como estudiantes, profesionales y empresarios, damas, niños, gobernantes y funcionarios públicos.

Para dicho fin, se emplean todos los medios tecnológicos actuales de alta calidad y excelencia técnica, lo cual suele ser motivo de comentario por parte de la prensa, quien cubre todos y cada uno de los eventos que conforman el Festival.

### Campaña Publicitaria

Se planean y ejecutan acciones publicitarias de gran alcance para saturar la ciudad y la región entera con publicidad en diversos medios, televisión, radio, carteles en la vía pública, etc.; con el fin de informar e invitar a todos a asistir al Festival. El acceso es libre y gratuito. En la ciudad no queda nadie sin enterarse del Festival.

## Prensa

Luis Palau es un líder  que goza de amplio reconocimiento y prestigio en todo el mundo. Su relevancia social va mas allá del campo cristiano, hasta el punto de que fue el reverendo invitado para dar la bendición en la toma de posesión del segundo mandato del el ex-presidente de los Estados Unidos Bill Clinton.  Por su conocimiento y capacidad, en diversas ocasiones ha sido consultado y entrevistado por los medios de comunicación, entre ellos: CNN, Fox, The New York Times, USA Today, Newsweek, People y Time. En América Latina, además de la repercusión en la mayoría de los medios de prensa escrita, participó en programas radiales y televisivos, como los de Jesús Quintero ("El Perro Verde"), Mirtha Legrand ("Almorzando"), Mariano Grondona ("Hora Clave"), Samuel "Chiche" Gelblung ("Memoria") y Gerardo Rozín ("La Pregunta Animal"), entre otros.

### Encuentro con Gobernantes y Mandatarios

Luis Palau es habitualmente recibido por las autoridades locales y nacionales de los países en los celebra un Festival. Se ha entrevistado con diversos mandatarios europeos, asiáticos y americanos. Entre otros, cabe destacar su encuentro con Mihail Gorbachov, Bill Clinton como presidente de los Estados Unidos, y participar del grupo de consejeros en los que George Bush buscó guía luego del atentado perpetrado a las Torres Gemelas (11-S).

Palau fue recibido en la Argentina por el Presidente de la Nación, Dr. Eduardo Duhalde; el Vicepresidente, Daniel Scioli; el canciller, Dr. Rafael Bielsa; el Ministro de Justicia, Dr. Gustavo Beliz; el Jefe de Gobierno de la Ciudad Autónoma de Buenos Aires, Dr. Aníbal Ibarra; el Gobernador de la Provincia de Córdoba, Dr. Eduardo De La Sota; el Intendente de la Capital de la misma provincia, Dr. Germán Kammerath; el Intendente de Gral. Pueyrredon (Mar del Plata), Ing. Daniel Katz.

En octubre de 2004 fue recibido en Lima, Perú, por el Presidente de la Nación, Dr. Alejandro Toledo Manrique; el Presidente del Congreso Nacional, Dr. Antero Flores Aráoz; el Alcalde de la Municipalidad de Lima, Dr. Luis Castañeda Lossio; el Alcalde de Jesús María, Lic. Carlos Bringas Clayssen, solo por mencionar los últimos lugares que visitó.

Una muestra más del cariño y respeto que Palau ha cosechado a lo largo de sus años es la distinción que se le suele dar con distintas menciones protocolares como Visitante Ilustre o Personalidad Destacada, tanto para la ciudad o el país que visita. De la misma manera, los eventos que preside suelen ser declarados de interés público, provincial y municipal por los decretos correspondientes.

### Acción Social

Los Festivales con Luis Palau se organizan también con la intención de dar ayuda social a diversos proyectos de carácter humanitario. Esto incluye donativos o donaciones de alimentos y materiales de primera necesidad en colaboración con ONG dedicadas a la acción social. Por ejemplo, como parte del Festival celebrado en Buenos Aires, durante 2003, se donó una ambulancia de alta complejidad pediátrica y neonatal al Sistema de Atención Médica de Emergencia (SAME) dependiente del Gobierno de la Ciudad.

*Festimadrid y futuros festivales*

En la semana del 20 al 25 de Junio próximo el Festival con Luis Palau se trasladará a la explanada de la Plaza de Toros de Las Ventas de Madrid, y, para el año 2006 están preparándose en Chile y Costa Rica.

Por otra parte, durante 2004 Luis Palau visitó China, y en un hecho sin precedentes fue invitado a realizar sendos festivales en las ciudades de Beijing y Shangai. Ya se encuentran en marcha los preparativos para estos eventos.

*Contacto para Festimadrid*

**Oficina:**
Mequinenza, 20 – 28022 Madrid
Teléfono/Fax: 91 320 94 88
www.festimadrid.org

**Prensa:**
José Pablo Sánchez
Teléfono 679 44 68 50
tve@tiempodecreer.com

Alberto Avila
Teléfono 667 38 40 21
prensa@festivalconpalau.org

La nota de prensa

Al igual que un dossier de prensa es una herramienta clave para la comunicación y la relación con los medios de comunicación, la nota de prensa **apoya y mantiene** la comunicación permitiendo que fluya y sea dinámica. Es más, la primera nota de prensa siempre debe ir acompañada por el dossier de prensa. Una nota de prensa a tiempo es clave para mantener el interés de la audiencia que queremos alcanzar. También mantiene nuestra página web viva y activa durante el desarrollo de la actividad, pues además de mandarla a los medios, la subimos a nuestra web y de este modo queda accesible para todos. Pero cuidado, las notas de prensa tienen una vida muy corta. La fecha de caducidad es el mismo día que se produce la noticia o se realiza el evento. Esto exige de nosotros un esfuerzo extra, pues muchas veces, además de estar supervisando toda la realización del evento, nos toca también al terminar el mismo, redactar y enviar la nota de prensa. Es la doble milla que debe llevar el líder cristiano, aunque sería mucho mejor encontrar alguien a quien entrenar y delegar esta responsabilidad. La mejor opción en los medios es buscar un equipo de colaboradores y que uno se encargue de este asunto, aunque será bueno revisar y aprobar el texto antes de enviarlo a los medios, pues nos jugamos mucho si la nota de prensa no está bien redactada o falsea la realidad. Dado que hace falta rapidez, cuanto mejor tengamos preparado el dossier de prensa, será mejor, pues nos facilitará mucho la redacción una vez se haya celebrado el evento.

La nota de prensa es, en realidad, un artículo que escribimos para el periódico, o el texto de la noticia que se dará en la radio o televisión. Debe mantener coherencia con el dossier de prensa, resumir su contenido, explicando las actividades diarias del evento. Para un evento sólo realizamos un dossier de prensa, pero se deben mandar varias notas de prensa, antes, durante y al final del evento, para mantener viva la información.

El contenido de la nota debe seguir el mismo modelo de un artículo de prensa (ver el capítulo más adelante) aunque mucho más breve. En resumen las secciones de una nota de prensa son: Titular, lugar y fecha de edición, cuerpo del comunicado, información básica de la entidad que promueve la información, datos de contacto y siempre que sea posible, una foto del evento. Recordemos el dicho "lo bueno, si breve, dos veces bueno". Debe ser escueta y centrarse en los datos, aunque añadiendo alguna redacción que haga interesante la noticia. Todas las noticias se venden. Para que nuestra noticia entre en el "mercado de la comunicación" los primeros que tenemos que "venderla" somos nosotros por medio de las notas de prensa. En este sentido es importante que conozcamos la audiencia a la que dirigimos nuestra noticia y busquemos inquietudes y necesidades sentidas que podrían cautivar su interés. Todos los acontecimientos que tienen lugar en su entorno que les atraen y si además enfatizamos aquellas cuestiones que les preocupan o interesan, será más fácil conectar y que los medios se comprometan en la publicación. En España, por ejemplo, que un grupo de jóvenes dedique su tiempo a limpiar un parque o recuperar una playa, es algo que llama la atención. Las noticias más frecuentes de jóvenes tienen que ver con altercados o accidentes de tráfico. Encontrar a jóvenes sanos haciendo algo bueno por el pueblo, es interesante y novedoso.

La nota de prensa que más se publica en los medios de muchas ciudades donde hemos realizado campañas es la que relata el voluntariado social que realizan los jóvenes que participan en la campaña. Además, en España existe una gran sensibilidad social, de modo que la audiencia lee estas noticias con interés.

La nota de prensa debe comenzar relatando el acontecimiento, pero debe terminar compartiendo información relevante sobre nuestra fe. Aprovechamos así la información sobre la actividad realizada para compartir también la motivación que hay detrás. No obstante, no hay que predicar en una nota de prensa, pues no es un "folleto evangelístico". Es decir, se incluye información sobre nuestra fe como un contenido de valor extra, no al revés. Los periódicos seculares nunca publicarían una pseudo-noticia utilizada como un gancho para evangelizar. Incluso en varias ocasiones he comprobado que ese último párrafo ha sido eliminado en la publicación de la noticia en medios seculares, pero gracias a Dios no siempre es así.

Igual que con el dossier, es necesario el contacto personal con el reportero que cubrirá la noticia, o si es un medio pequeño de un pueblo, con el director, que suele hacer de todo. Hay que preguntarle si recibió la nota de prensa y ofrecerle cualquier ayuda que necesite.

También debe incluirse al menos una foto. Dado que hoy es tan fácil enviarla por Internet, sería la forma más práctica de que se hagan eco del evento, pues al tener una foto de calidad (500 KB por lo menos) la podrán incluir en su medio sin necesidad de enviar un fotógrafo. Pero cuidado, cualquier foto no vale. El fotógrafo debe saber encuadrar y tener unas nociones básicas de imagen, pues un medio serio nunca publicaría una mala foto.

La proliferación de periódicos electrónicos ha aumentado la necesidad de encontrar contenidos para mantener viva la información. Dada la inmediatez de este tipo de información, es fácil colocar nuestras notas de prensa en dichos medios. Aunque nos gustaría que fueran los medios de más relevancia y alcance que se hicieran eco, no debemos subestimar estos medios locales, pues con frecuencia son los más leídos por las personas que más nos interesa alcanzar, la gente del entorno donde se realizan nuestras actividades. Es tan fácil colocar en estos medios las notas de prensa que algunos ya las tienen automatizadas, de tal modo que basta enviar la nota para que aparezca automáticamente en el periódico digital.

Las notas de prensa son también muy útiles para mantener un registro histórico de cómo se desarrollaron los acontecimientos. Si al terminar las actividades se quiere realizar un informe, ya estará prácticamente hecho. Repasando estas notas de prensa podemos también hacer una evaluación sobre su desarrollo, lo cual nos ayudará a mejorar futuros eventos. De modo que la nota de prensa tiene una vida corta para su publicación en los medios, pero la información que provee es para siempre y su alcance ilimitado. Merece la pena el esfuerzo que exige poner por escrito los acontecimientos que tuvieron lugar, aunque sean las últimas horas del día o la noche.

A continuación pueden verse varias notas de prensa de diversas actividades.

# ÓRGIVA AMIGA
## XLIX JORNADAS INTERNACIONALES DE CONVIVENCIA
## NOTA DE PRENSA, 3 de Agosto 2012

## Los jóvenes de las Jornadas Internacionales limpian la cañada del río en Órgiva

*Jóvenes de la convivencia recogiendo basura*

**Como parte de las Jornadas Internacionales de Convivencia, los jóvenes colaboran con el Ayuntamiento de Órgiva en diversas tareas de limpieza y campañas de sensibilización.**

Durante dos días, un grupo de 30 voluntarios está trabajando en labores de limpieza en la zona de la cañada junto al Camino de la Estrella y además concienciando a los ciudadanos acerca de los horarios de recogida de basuras y la recogida de heces de los perros.

Los jóvenes de la convivencia proceden de diversos lugares de la geografía española y del extranjero. Realizan este trabajo de forma voluntaria y altruista, como parte de las actividades de las Jornadas Internacionales de Convivencia que del 1 al 12 de agosto se realizan en Órgiva, organizadas por las Iglesia Evangélica de Granada, situada en la calle España, 14 (Armilla) y la Asociación Decisión. De este modo, de forma sencilla, se aplican las enseñanzas que reciben durante las jornadas sobre el amor al prójimo y la responsabilidad cristiana.

Bajo el lema "Órgiva Amiga" se organizan estas XLIX Jornadas Internacionales de Convivencia, que vienen desarrollándose en diversos lugares desde hace más de 30 años. Se llevan a cabo con el deseo de promover los valores y la fraternidad cristiana entre jóvenes evangélicos de España y del extranjero, de modo que como resultado del encuentro, los participantes vivan una experiencia de intercambio cultural, descubran las raíces históricas del lugar donde se celebran, mejoren su formación cristiana y sirvan a la ciudad con distintas actividades sociales y culturales. Ciudades como Salou, Manlleu, Ciudad Rodrigo, Almería, Aranda del Duero y Baeza, entre otras, han hospedado estas Jornadas anteriormente.

El programa de actividades se ha organizado gracias a la colaboración del Ayuntamiento de Órgiva. De este modo, entre los días 2 y 3 de agosto los participantes están llevando a cabo el voluntariado social, limpiando las distintas zonas. Además se organizarán otras actividades culturales. Para los más pequeños, aunque también sus papás podrán disfrutarlo, se celebrará un programa de animación a la lectura, el Festival de la Biblia en la Plaza de la Alpujarra, del 6 al 8 de agosto de 11:00 a 13:00 hrs, donde con payasos, guiñol, historias y manualidades, se promoverán valores sobre el cuidado de la familia y la lectura de la Biblia, un clásico de la literatura cada vez más ignorado. El programa se completará con la proyección de la película Lutero la noche del 6 de agosto a las 21:30h.

La presencia evangélica en Granada data del siglo XVI y XVII, y constan varios procesos contra protestantes en los archivos de la Inquisición. Ya para 1850 hay una comunidad evangélica estable en Granada pastoreada por José Alhama de Guadix. En 1860 José Alhama junto al pastor malagueño Manuel Matamoros fue encarcelado por su fe. La presión internacional forzó a las autoridades españolas a conmutar la pena de cárcel por destierro y en 1863, Alhama se refugia en Gibraltar. Con el triunfo de la Revolución la Gloriosa, en 1868, Alhama retorna a Granada, donde continuaría su labor espiritual y educativa en la Escuela Evangélica de la ciudad hasta su muerte. Hoy gracias a la democracia la situación es muy diferente y existen varias parroquias evangélicas en Granada capital y sus ciudades más importantes.

*Imagen de una de las zonas donde se realizaron los trabajos*

**MÁS INFORMACIÓN:**
Estefany S. Blake – Jose Pablo Sánchez – Telf. 679 44 68 50
medios@e-decision.org

# OPERACIÓN NIÑO DE LA NAVIDAD

Un proyecto de Decisión en colaboración con Samaritan's Purse
Mequinenza, 20 – 28022 Madrid - Telf. 91 742 79 11 - Fax. 91 320 94 88
CIF DECISION: R7800101C – onn@e-decision.org – www.operacionninodelanavidad.org

*El poder de un sencillo regalo*

## Nota de Prensa – 1 de octubre 2013

### Millones de niños recibirán su regalo gracias a Operación Niño de la Navidad

Comienza una nueva campaña de Operación Niño de la Navidad, el proyecto navideño más extenso del mundo que utiliza cajas de zapatos llenas de regalos, material escolar, higiene personal, caramelos y juguetes y las entrega a los niños de los países más necesitados, sin distinción de raza o religión. El proyecto fue fundado en 1993 por la ONG Samaritan's Purse y desde entonces ha repartido más de 100 millones de cajas de zapatos en más de 100 países.

En España el proyecto está coordinado por la asociación evangélica Decisión desde el año 2009 con la colaboración de miles de voluntarios y donantes. Individuos, familias y grupos llenan cajas de zapatos vacías. Cualquier persona, entidad, colegio o centro puede participar y promocionar el proyecto, toda la información está disponible en la página web: www.onn.nu. Del día 1 al 5 de diciembre se lleva a cabo la semana nacional de recogida en la que los donantes llevan sus cajas a los puntos de entrega establecidos alrededor de España. Seguidamente, las cajas de zapatos son procesadas por voluntarios y preparadas para su envío. La última parada, son las manos de los niños y niñas africanos, muchos de los cuales, esta será la primera vez que reciban un regalo y sentirán el amor de Dios. Iglesias y entidades evangélicas coordinan este proyecto aunque en él participan personas de otras confesiones e ideologías. El resultado del proyecto se resume en noticias de gran alegría como la de Zhenya.

*Soy Zhenya y nací en Rusia. Me metieron en un orfanato a los cinco años. Un día, me llevaron a una sala en la que la gente reía y repartía regalos de Operación Niño de la Navidad. Un hombre me dio una caja de zapatos, este era el primer regalo que yo recibía. Lo abrí y encontré caramelos, calcetines, juguetes, pasta de dientes, hilo dental, y un cepillo de dientes. No me podía creer que alguien me había enviado este regalo tan asombroso y me llené de esperanza y alegría pensando que alguien, en algún sitio me amaba.*

# Cartas al director

A mis alumnos de seminario en la clase de Medios de Comunicación, siempre les reto como ejercicio práctico a escribir una carta para la sección Cartas al Director. Su primer pensamiento es que será imposible que publiquen su carta, pues seguro que los medios reciben muchas y de personas importantes e influyentes. ¡Nada más lejos de la realidad! En mucha ocasiones los alumnos han conseguido que publiquen algunas de sus cartas, lo cual demuestra que el acceso a esta área del periódico es realmente factible y que la mayoría de los medios, están más interesados en la opinión de lectores comunes que de expertos para esta sección. Al final de esta sección incluyo una de estas cartas publicadas en el periódico 20 Minutos escrita por el alumno Samir Haidi del seminario SEFOVAN.

Todos los periódicos ofrecen a los lectores la oportunidad de escribir cartas al director. Esta es una de las grandes oportunidades gratuitas que tenemos los cristianos de dar testimonio del Evangelio. Además, después de la portada, la sección de Cartas al Director es una de las más leídas y, normalmente, la preferida de los lectores. Aunque la sección de Cartas al Director no está pensada para favorecer la evangelización, el hecho de que sea una tribuna libre, nos permite platearnos de forma creativa nuestra presencia y aprovechar todas las ocasiones posibles para expresar nuestras ideas y nuestra fe. Sin lugar a dudas, muchas personas de muy diversas ideologías usan esta puerta de entrada a los medios para comunicar sus ideas, con más razón debemos hacerlo también nosotros.

Los periódicos tradicionales de gran tirada en España, como El País, ABC y El Mundo, tienen el acceso a la sección de cartas al director abierto, pero difícil, dado que hay mucha competencia, sin embargo existen los periódicos de distribución gratuita. En España se distribuyen 20 Minutos, ADN, Metro y otros, donde es mucho más fácil acceder. En estos medios las cartas al director reciben un tratamiento favorable y el espacio es mucho mayor, dado que están buscando la participación de los ciudadanos y saben que pueden aumentar su audiencia si muchas personas se deciden a escribir. Es además un medio que cada vez consigue más lectores, y que está haciendo la competencia a la prensa tradicional. Así, por ejemplo, el diario 20 Minutos tenía en 2013 una tirada diaria de 392.737 con un alcance de 1.661.000 lectores, mientras El País tenía una tirada diaria de 359.809 con un alcance de 1.862.000 lectores. Es fácil encontrar en 20 Minutos hasta 30 cartas en la sección de Cartas al Director, lo cual demuestra el interés que pone el propio medio en promover esta sección. Es importante tener en cuenta, que cuando publicamos una carta en esta sección, aparecerá en la web del medio, de modo que nuestro mensaje puede llegar hasta lo último de la tierra.

Es cierto que en la sección de cartas al director escriben personas desde posiciones completamente contrarias al cristianismo. Allí se **puede encontrar de todo**, desde cartas favoreciendo la homosexualidad, el ocultismo, el ateísmo o la brujería. Pero eso no debe frenar nuestro intento. Todo lo contrario. Dios nos llama a brillar en medio de las tinieblas. Es sorprendente cuánto puede llegar a alumbrar la belleza en medio de la oscuridad.

A continuación aparecen los **consejos** que la entidad "hazteoir.org" (www.hazteoir.org) propone para escribir cartas al director en su página web y que son plenamente válidos para cualquier periódico.

**Sinceridad:** El contenido del mensaje debe ajustarse a la realidad. La verdad convence. Nunca calumnies a otra persona. Tampoco hables mal de alguien innecesariamente; si has de corregir a alguien, centra tu argumento en los hechos, nunca en la persona, y si has de personificar tus críticas, asegúrate de que lo que vas a decir es cierto.

**Brevedad:** La cartas no deben exceder la extensión que recomienda el editor, suelen ser unas 20 líneas, aproximádamente 250 palabras, aunque algunos medios son más estrictos y sólo permiten 200 palabras[1]. Tienes más probabilidad de que tu carta sea seleccionada cuanto más breve sea. Concentra al máximo tus argumentos. Lo importante es que al lector le quede muy clara por lo menos una idea.

**Constancia:** Intenta escribir por lo menos una carta al mes. Si te publican un breve párrafo periódicamente, conseguirás tener un gran efecto en los lectores.

**Originalidad:** Expresa tus ideas con tus propias palabras. Es un error enviar Cartas *modelo* a los periódicos; difícilmente las publicarán.

**Completo:** Incluye tu nombre, dirección, teléfono y distrito postal en las cartas. No olvides firmarla. Son requisitos obligatorios pare que puedan ser publicadas. Por supuesto, no olvides repasar la ortografía y gramática de la carta antes de enviarla.

**Sagacidad:** No se puede luchar en todos los frentes a la vez; discrimina y elige bien un objetivo. Éste ha de ser relevante en los valores que pretendes defender.

---

1  http://elpais.com/formularios/cartasdirector.pl

**Oportunidad:** Elige un tema que esté de actualidad y no tardes en escribir al respecto. Ten en cuenta que la fecha de caducidad en los temas de actualidad es muy corta. Escribir sobre el tema adecuado multiplica la influencia de la carta.

**Refuerza tu argumento:** Pequeñas citas de gente conocida (y con autoridad sobre el tema que estás tratando), datos y estadísticas de fuentes fiables, pueden apoyar tu argumento. También es muy eficaz poner algún ejemplo de lo que quieres transmitir.

**Sé positivo:** Escribe desde un punto de vista positivo. Es muy fácil criticar, lo realmente meritorio es aportar soluciones. Si te ha gustado alguna carta que se haya publicado anteriormente, también puedes escribir para apoyarla.

**Hazla interesante:** Un objetivo muy importante al enviar una carta es que se lea completamente. Has de hacerla interesante para el lector desde las primeras líneas... Puedes plantear un reto o contar una anécdota, con el fin de provocar una respuesta con la que captar la atención del lector. Al final el lector debe reaccionar de alguna manera ante la lectura de tu carta.

**Sé convincente:** Concentra el argumento de tu carta en un solo punto. Intenta adelantarte a las inquietudes de los lectores y darles la respuesta oportuna. Has de estar convencido de lo que escribes y así podrás transmitir tus ideas con facilidad

**Muéstrate cordial:** Sé atrevido en tus palabras, pero evita la difamación y la grosería. La educación ha de estar presente en todo momento. Sé un caballero y no te dejes llevar por la descalificación o el insulto. Lo importante es caer simpático al lector, ponerlo de tu lado. No solo hay que saber lo que se va a decir, también hay que saber cómo decirlo.

**Sé preciso:** No exageres en tus argumentos ni los intentes desvirtuar para conseguir un mayor impacto. La carta ha de ser concisa y rigurosa. Antes de enviarla, dásela a alguien para que la lea primero, te podrá ayudar a centrar tu objetivo, corregir defectos o mejorar el estilo. No divagues, utiliza un lenguaje directo y sencillo. Intenta expresar lo máximo posible con el menor número de palabras. Toda la carta ha de girar en torno a una sola idea. Arguméntala y refuérzala, pero no olvides centrar todo el texto en un solo punto.

**Haz hacer:** Sin duda, el objetivo más importante. Moviliza. Si la causa es justa y noble, has de conseguir que los lectores reaccionen y colaboren en la campaña que estás llevando a cabo.

## CONSEJOS PRÁCTICOS

**Formalidad mínima.** Dirígete siempre (de usted) al director del medio al que escribes. Se empieza siempre la carta con "Sr. Director:"

**Facilítales la publicación.** Si haces referencia a una noticia o artículo publicado en ese medio, inclúyelo en la carta.

**Recoge firmas en torno a la carta.** Es mucho más efectivo una carta firmada por varias personas que por una sola. También, siempre que sea verdad, es preferible firmar como representante o portavoz de un grupo, plataforma... En este punto hay que ser extraordinariamente escrupuloso. Nunca mientas ni te hagas portavoz de gente que explícitamente no te haya dado su consentimiento.

**Toca la fibra sensible de los lectores** (y del editor, que al fin y al cabo va a ser el filtro). Anima a los pequeños de la clase a escribir a los periódicos. Es más fácil que publiquen una carta firmada por un niño

**Nada de críticas al diario** que escribes ni a sus articulistas. Muérdete la lengua. Los medios de comunicación son extremadamente manipuladores y jamás permitirán ni la más mínima crítica a su profesión o su medio. Se rechazará la carta automáticamente, y en el caso de que sea publicada, seguramente sea porque se van a "comer" algunas líneas de tu carta (recuerda que tienen derecho a hacerlo sin previo aviso) o bien porque inmediatamente después de tu carta añadirán una "nota de redacción" (siempre tendrán la última palabra) por la que conseguirán poner al lector en tu contra, con lo que te encontrarás con el efecto contrario al deseado.

**Ten sentido del humor.** La ironía inteligente y bien utilizada es un medio infalible para poner al lector de tu lado. Una crítica, con un poco de ironía (nunca debe ser insultante) siempre será bien recibida por los lectores.

**Relee la carta las veces qua haga falta.** Siempre será mejorable y podrás irla perfeccionando.

A continuación se incluyen varios ejemplos de cartas al director publicadas en las que he participado de forma directa. Las cartas en el periódico El País se publicaron también en formato impreso, aunque las que aquí aparecen han sido extraídas de su web, lo cual también demuestra el alcance de dichas cartas, pues pasados varios años siguen disponibles para el público.

CARTAS AL DIRECTOR

## Discriminación radiofónica

JOSÉ PABLO SÁNCHEZ | 13 ABR 2009

Archivado en:   Opinión   Radio   Medios comunicación   Religión   Comunicación

La confesión católica posee cientos de licencias de radio, mientras las demás confesiones con acuerdos con el Estado, ninguna. En cada concurso se ha profundizado, aumentado y consolidado esta discriminación. A finales de marzo, la Comunidad de Madrid concedió cuatro emisoras a los católicos. De las 21 emisoras ofrecidas, un 20% fue a manos de esta confesión. La Federación Protestante FEREDE se presentó al concurso y solicitó tres licencias. De nada sirvió. La ONG evangélica REMAR también solicitó licencias. ¿Le dieron alguna? Nada ¿Hasta cuándo seremos discriminados en España los protestantes?

PRIMERA
INTERNACIONAL
ESPAÑA
ECONOMÍA
○ OPINIÓN
· VIÑETAS
SOCIEDAD
CULTURA
TENDENCIAS
GENTE
OBITUARIOS
DEPORTES
PANTALLA
ÚLTIMA

ANDALUCÍA · EDUCACIÓN
CATALUÑA
C. VALENCIANA
GALICIA
MADRID
PAÍS VASCO

¿sientes?        Cantabria
                 Infinita

'Metro' pregunta:
¿Qué es lo que
menos te gusta de
la lluvia?

## Benach no sabe ir de compras

Ernest Benach, presidente del parlamento catalán, ha tenido que dar marcha atrás y anunciar la retirada de los accesorios que por valor de más de 9.000 euros había instalado en su nuevo coche oficial. Un coche, por cierto, de una marca alemana de gama alta. En fin, cosas de políticos. Lo que más me ha sorprendido es que les cobrasen –nos cobrasen– más de 9.000 euros por una televisión, un escritorio y un reposapiés. ¿Qué pésima gestión de las compras! ¿Saben nuestros gobernantes lo que cuesta una televisión de plasma ya de coche sino 4 pulgadas? ¿Y un repo ¿Y un escritorio, aun de madera? No veo lo euros por ningún sitio, sólo veo dinero público malgastado. No discuto la necesidad de la televisión en el coche oficial, pero existen multitud de modelos para coche a precios razonables, que aún sumando el reposapiés y el escritorio no deberían costarnos más de 1.000 euros.

AMADEO RAMS

## Vacuna anti supremacía blanca

El intento de asesinato de Obama, es una de tantas porque a lo largo de la historia de los EE UU otros presidentes fueron asesinados durante su mandato. Los que intentaron asesinar a Obama están atentando en contra de la vida. ¿Acaso asesinar es la solución cada vez que uno no está de acuerdo con las ideas ajenas? Estamos en el siglo XXI, en una era

## "¿Por qué todos los búhos acaban en Cibeles? Ir de Conde Duque a San Blas, por ejemplo, es echar casi dos horas. Tercermun-..."

carta publicada a alumno de SEFOVAN

posmodernista y parece mentira que haya personas que todavía crean que el color de su piel puede hacerlos superiores. Hablamos de los presidentes de EE UU, hablamos de las víctimas de ETA, hablamos de tanta gente que deja esta vida, por el atentado en contra del derecho de la vida de otros, quizá que la vacuna de la epidemia es que volvamos a los patrones bíblicos para que nos enseñen cómo vivir y cómo someternos a las autoridades y cómo amar y respetar a nuestro prójimo.

SAMIR HAIDI

## Piratas aéreos

El pasado 4 de agosto volamos de Budapest a Bruselas con la compañía Wizz. El vuelo salió con cuatro horas de retraso por una avería en un motor, por lo que perdimos el enlace Bru-

selas-Madird y tuvimos que hacer noche en Bruselas. Ya en Budapest nos trataron como perros, no nos dieron ni agua, ni dejaron que la empresa que lleva el aeropuerto de Budapest nos ayudara, en el aeropuerto nos dieron hojas de reclamaciones, reconociendo nuestros derechos a ser indemnizados, ya que nos supuso un gasto de 300 euros. Una vez en Madrid nos dijeron que tardarían un mes en respondernos y desde entonces no sabemos nada de ellos y es imposible contactar con ellos. Ya hemos puesto una reclamación en el Ministerio de amo, pero cómo se e consentir que una línea de la UE actúe así, ienen alguna ación?, ¿en manos de rresponsables ponemos nuestras vidas al volar? Un cliente estafado por Wizz que pide justicia.

FRANCISCO JOSÉ CARRASCO

## Los vicios de este país

Cada día me avergüenzo más de ser español por una serie de vicios que tiene este país. Primero, puedes irte de un trabajo. Segundo, si eres feo estás condenado a la soledad. Tercero, los enfermos mentales son enfermos de segunda con respecto de los otros, especialmente en lo que se refiere a las pagas, ayudas, etc. Otro vicio lamentable es que los buenos, e incluso los malos, trabajos se consiguen a base de enchufismos y amiguismos hasta el punto de que en algunas empresas no entras si no eres

## El tiempo multiplicado

Cuando era niño sólo había dos canales. Un parte del tiempo a mediodía y otro por la noche. De esta forma la sensación de que el tiempo estaba loco no existía. Hoy los telediarios han hecho de la previsión meteorológica una de las estrellas informativas. Seguimos preguntándonos atónitos por qué llueve en otoño, nieva en invierno, hay polen en primavera y analizamos los 42° en verano con conexiones en directo por toda España. En las últimas fechas ha desaparecido el concepto de gota fría y sólo se habla de riadas... y cómo no, todas las tragedias provocadas por el comportamiento de la naturaleza no se producen hace 30 o 40 años. Un clásico. La gente llega a la conclusión de que todo esto antes no pasaba... efectivamente. Antes no teníamos ocho telediarios escalonados, ni miles de páginas web o programas de radio que convierten en un chaparrón de amarillismo *meteorológico* lo que, con estadísticas en la mano, forma parte de la normalidad del clima.

IGNACIO CABALLERO

un familiar o un amigo. Y por último, no te puedes ir de un trabajo por tu propio gusto, porque, seguramente, nunca más te volverán a fichar, por culpa del otro vicio, las listas negras.

JOSÉ LUIS BERMEJO

EL PAÍS

PORTADA | INTERNACIONAL | POLÍTICA | ECONOMÍA | CULTURA | SOCIEDAD | DEPORTES

ARCHIVO

EL PAÍS
KIOSKO y más

ACCESO A SUSCRIPTORES »
Acceda a EL PAÍS y a los sus suscriptores en formato PDF impreso/digital

VIERNES, 7 de abril de 2006

SECCIONES | EDICIONES | SUPLEMENTOS

PRIMERA
INTERNACIONAL · ANDALUCÍA · CI.F
ESPAÑA · CATALUÑA
ECONOMÍA · C. VALENCIANA
OPINIÓN · MADRID
VIÑETAS · PAÍS VASCO
SOCIEDAD
CULTURA
GENTE
DEPORTES
AUTONOMÍAS
ÚLTIMA

CARTAS AL DIRECTOR

## Otras caricaturas

JOSÉ PABLO SÁNCHEZ NÚÑEZ | Paracuellos del Jarama, Madrid | 7 ABR 2006

Archivado en: Referencias El País  Iglesia anglicana  Opinión  El País  Estados Unidos  Protestantismo  Prisa Noticias  Prensa  Prisa  Empresas  Grupo comunicación  Cristianismo  Economía

Caricaturas religiosas hay muchas formas de hacerlas y sin duda, su periódico ha dibujado una sobre el pastor evangélico Billy Graham con su artículo del pasado domingo 19 de marzo *Billy Graham cede el testigo*. Todos los estereotipos tradicionales contra el protestantismo resucitan, en un artículo propio de la prensa amarilla. Hay que hacer morbo y levantar sospechas para que la noticia se venda ¿verdad? Sin lugar a dudas, lo han conseguido. ¡Cuidado con Billy Graham y con Franklin! instigadores de guerras, consejeros de demagogos, fanáticos y posibles ladrones ("no han querido hacer público a cuánto asciende su fortuna"). Mentiras y medias verdades que desprestigian injustamente a uno de los evangélicos más respetados y relevantes en el mundo.

La Asociación Evangelística Billy Graham hace públicas sus auditorías cada año. Si de algo no han podido acusar en décadas a Graham, a pesar de incontables intentos, ha sido, precisamente de malversación de fondos o enriquecimiento personal. Gracias por dejarlo claro en su artículo. Sí, es cierto que fue consejero de Nixon y de todos los presidentes que le han seguido hasta nuestros días, incluidos Carter y Clinton. Por cierto, Clinton participó en su último evento en Nueva York donde reconoció públicamente su aprecio por Graham y la labor religiosa que ha desarrollado a lo largo de su vida. Califica también el artículo la "confesión con la que ambos comulgan, los Bautistas" de "historia oscura y segregacionalista", pues es la misma confesión protestante del también bautista Martin Luther King y del ex presidente Jimmy Carter. Dos bautistas reconocidos con el Nobel de la Paz. ¿Serán los dos únicos bautistas buenos? Franklin dirige la ONG Samaritan Purse que lleva ayuda humanitaria inmediata a catástrofes de todo el mundo. Puede que sea su falta de diplomacia (que yo disculpo) sea fruto de su pasión por ayudar a los más desfavorecidos del planeta.

Sin lugar a dudas, los Graham no son perfectos, cometen errores, y piden perdón por ellos como sucedió con sus declaraciones grabadas en la Casa Blanca. Podemos estar de acuerdo o no con sus opiniones, pero se merecen el respeto de no levantar sospechas fundadas en medias verdades usadas intencionadamente para crear caricaturas. Se lo agradecerán millones de evangélicos que aprecian a Billy Graham como un gran siervo de Dios.

# El artículo de prensa

La escritura es un arte. Los grandes articulistas forjan su estilo a lo largo de años de trabajo, dedicación y estudio. No pretendo con este capítulo sustituir nada de eso, pues soy consciente de las limitaciones. A la vez, también es bueno recordar que no todos los famosos periodistas, reconocidos por su carrera en los medios y que han recibido multitud de premios por su trabajo como comunicadores, estudiaron periodismo. Así, por ejemplo, Ana Blanco, que ha presentado los telediarios de Televisión Española por más de 15 años, es graduada en pedagogía y Carlos Herrera, una de las voces más populares de la radio española, posee una licenciatura en medicina. Algo similar sucede en medios internacionales. Por ejemplo, Wolf Isaac Blitzer, uno de los periodistas más influyentes en la CNN, se graduó en historia y relaciones internacionales. Igualmente Katie Couric que ha desarrollado su carrera periodística en la mayoría de los grandes medios de Estados Unidos, se graduó en estudios americanos. La lista de periodistas famosos y reconocidos sin formación universitaria en Periodismo es extensa y demuestra que el periodismo se puede aprender también sobre el terreno y que personas con otra formación académica pueden llegar a desempeñar una labor periodística influyente. En este sentido, los pastores y líderes evangélicos tienen ya un terreno ganado, pues se mueven con soltura en el campo de la comunicación. Cada predicación que preparan y escriben, cada estudio o comentario, les da un bagaje importante que puede desarrollarse y aplicarse al mundo del periodismo con formación y esfuerzo.

Hay algunos consejos básicos que podemos tener en cuenta para desarrollar una habilidad imprescindible que nos permita redactar notas de prensa y artículos, tanto para la prensa secular como religiosa. Los principios y contenidos de estos artículos son iguales y en la medida en que seamos capaces de asimilarlos y mejorarlos, escribiremos mejor.

## Elementos de la noticia

Básicamente un artículo de prensa tiene cuatro segmentos: Titular, entradilla, cuerpo y conclusión. A continuación vemos en qué consiste cada uno de ellos.

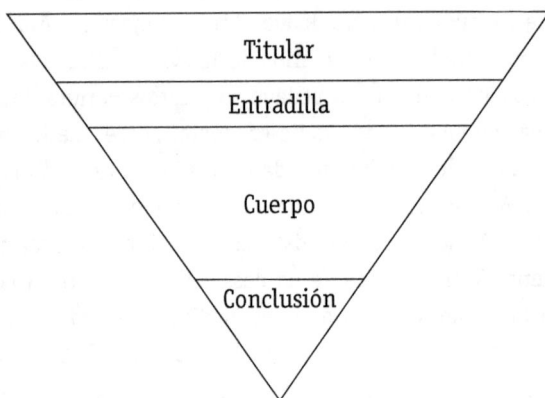

## El titular de la noticia

El titular es el gancho que consigue atraer la atención del lector. Un buen titular, además, sintetiza la esencia de la noticia, pero sobre todo, el titular debe ser fiel al acontecimiento. Desgraciadamente, muchos titulares sólo venden la noticia y desvirtúan la información en virtud de conseguir atraer la atención. Es por eso que tantas veces existe una diferenciación clara entre el titular y el cuerpo de la noticia como si fueran dos cosas distintas. Por lo tanto hay que encontrar el equilibrio entre una frase que capture y sea fiel a la verdad.

Los titulares deben cumplir varias funciones:

A.- Despertar el interés del lector por la noticia.

B.- Anunciar y resumir la información incluida en la noticia.

C.- Deben tener sentido propio y ofrecer en sí mismos los aspectos esenciales de la noticia.

Los titulares son siempre una interpretación que hace el medio de la noticia. Según el tamaño y tipo de letra usado por el medio, podemos también entender la importancia que se le da frente a otras noticias. Esta importancia la determina también el lugar que ocupa la noticia en el medio, primeras páginas o centrales, así como la posición a la derecha o la izquierda. Para conocer la atención que da el lector a cada página sólo hay que preguntar por el precio de la publicidad en cada una de ellas. Siempre es más cara en las páginas más leídas.

Existen cuatro tipos de titulares:

**Titulares expresivos:** no aportan información sobre el acontecimiento porque se presume que ya es conocido por el lector. Tratan exclusivamente de llamar la atención del lector utilizando palabras sueltas, generalmente acompañadas con signos ortográficos de admiración o interrogación. Se utilizan mucho en la prensa deportiva. Para informar acerca de la victoria del Real Madrid en la final de la Copa de Europa un periódico pondría como titular: "¡Y van diez...!".

**Titulares apelativos:** pretenden sorprender al lector, hacen referencia a lo más llamativo o sorprendente de la noticia. Se utilizan mucho en la prensa sensacionalista (en España algunas revistas del corazón) o de sucesos. ("Espectacular fuga en Burgos", "El duque cornudo").

**Titulares temáticos o simplificadores:** simplemente enuncian el tema de la información pero no aportan ninguna información. Se suelen utilizar o para pequeñas noticias sin demasiada importancia o para titular otros géneros periodísticos no informativos como los editoriales, artículos, etc. ("La educación secundaria").

**Titulares informativos.** Cumplen las tres funciones que hemos mencionado, explican el sujeto de la acción, la acción y sus circunstancias. Siempre se utiliza el tiempo verbal presente para dar una sensación de mayor inmediatez de la noticia. Por ejemplo: "EE UU ralentiza la retirada de tropas de Afganistán"

### La entradilla de la noticia

En la entradilla están las "5 W" que sintetizan la noticia: ¿Qué pasó? ¿Quién lo hizo?¿Dónde sucedió? ¿Cuándo pasó? ¿Por qué pasó? y ¿Cómo?. Se habla de las "W" por su origen en inglés (What, Who, Where, When, Why). Las 5 primeras letras de las preguntas básicas y clásicas del periodismo, a las que hay que añadir la última para completar la Información: ¿Cómo?.

Según el excelente manual que aparece en la guía de medios del Ministerio de Educación de España (http://recursos.cnice. mec.es/media/prensa/bloque3/index.html) éstos son los contenidos para cada una de estas preguntas básicas.

**Qué:** Hace referencia a los acontecimientos, las acciones e ideas que constituyen el tema de la noticia. (Por ejemplo: Concierto Gospel a favor de ONG).

**Quiénes:** Son los protagonistas, en definitiva todos los personajes que aparecerán en una noticia. (El Coro Gospel de Madrid canta a favor de los niños necesitados apadrinados por la ONG).

**Dónde:** El espacio, el lugar dónde han ocurrido los hechos. (En el Auditorio Municipal de de la ciudad de Tres Cantos en Madrid).

**Cuándo:** Sitúa la acción en un tiempo definido. Señalando su inicio, su duración y su final. (El concierto tuvo lugar el pasado sábado a las 8 de la tarde).

**Por qué:** Explica las razones por las que se ha producido el acontecimiento. Incluye cuando es necesario los antecedentes de ese acontecimiento. (El concierto es una iniciativa de la Iglesia Evangélica de Tres Cantos y cuenta con el apoyo del Ayuntamiento).

**Cómo:** Describe las circunstancias concretas en las que se han producido los hechos. (El Coro Gospel de Madrid contó con la colaboración de la famosa solista Aretha Franklin que emocionó al público asistente).

La entradilla es todo lo que lee el que recibe una nota de prensa, de ahí la importancia que tiene para captar la atención y animar al lector a concluir la lectura de todo el artículo.

## Cuerpo de la noticia

A la hora de redactar el cuerpo de la noticia, uno se puede extender todo lo que quiera y hay mucha flexibilidad, aunque, en general, los medios dan cabida a noticias que rondan entre las 700 u 800 palabras.

El cuerpo de la noticia pretende suministrar la máxima información en el menor tiempo o espacio posible. El periodista, una vez que ha seleccionado el acontecimiento sobre el que pretende informar y ha recopilado a través de distintas fuentes informativas los datos necesarios para elaborar su noticia, tiene que ordenar toda esa información para que el lector pueda comprenderla con facilidad.

Antes de comenzar a escribir es imprescindible que tenga muy claro: qué quiere contar, a quién se lo va a contar y cómo lo va a contar. Si logra tener un esquema mental de cómo será la noticia, la tarea de redactarla se hará mucho más sencilla. Recuerda siempre los dos objetivos: informar con la mayor veracidad posible y responder al interés del lector.

Un primer paso para encontrar la estructura de la noticia más adecuada es jerarquizar por orden de importancia todos los datos que disponemos sobre el acontecimiento y que deben resolver las seis preguntas (las W) que se hará el lector.

Hay algunas normas básicas sobre la estructura de la noticia que te pueden ayudar. Cuando escribas una noticia comienza siempre por lo más importante. Los datos se van distribuyendo a lo largo de la noticia por el grado de interés que tengan. Este esquema se conoce en la profesión como la estructura de la pirámide invertida y pretende cumplir dos objetivos: el primero y más importante es que de esta forma el lector puede informarse de lo más importante de la noticia con rapidez, si por cualquier motivo interrumpe la lectura en el cuarto o quinto párrafo se habrá enterado de los aspectos más importantes referidos a ese acontecimiento. Si prosigue su lectura, podrá completar su información enterándose de más matices y profundizando sobre el acontecimiento.

Esta estructura presenta otra ventaja: en ocasiones, el periodista una vez escrita su noticia, se ve forzado a reducir el número de palabras por razones de espacio, porque se han producido muchas noticias interesantes en su sección o porque va a aparecer más publicidad de la esperada, con lo cual su espacio es menor. En esos casos la estructura de pirámide invertida permite un rápido recorte de la noticia por el final, ya que se supone que en los últimos párrafos no aparece ningún dato esencial. Si la estructura fuese diferente el periodista necesitaría rehacer completamente su noticia.

Por lo tanto, cuando escribimos una noticia no relatamos el acontecimiento siguiendo el orden cronológico real en que éste se ha producido. El relato cronológico se utiliza en ocasiones en otros géneros periodísticos como pueden ser determinados reportajes o crónicas.

Los datos, números, estadísticas, etc., que suelen ser difíciles de leer y seguir, pero que deben estar ahí disponibles para el que quiera conocer con detalle la situación, se dan en el cuerpo de la noticia de mayor a menor importancia, dejando para el final lo más intrascendente.

### Géneros periodísticos

Existen tres grandes géneros periodísticos: Informativo, Opinión e Interpretativo. A ellos pertenecen el Reportaje, la Crónica, la Entrevista y el Artículo.

**El Reportaje.** Es el método que da más libertad con una estructura flexible. En los suplementos dominicales de los periódicos hay muchos reportajes de tema libre de actualidad, en los que un periodista ha estado investigando toda una semana o más y preparando su trabajo. Este género es muy especializado y no lo hace cualquier periodista. Los medios suelen encargar los reportajes a sus periodistas más expertos.

**La Crónica** es un género del reportaje que se diferencia por la extensión. Un reportaje ocupa al menos una página; una crónica es mucho más pequeña. Narra el desarrollo de un evento: deportes, congresos, conciertos, etc.

**La Entrevista.** Es otro género literario que se usa en los medios periodísticos. Se hace un perfil personal, en el que un periodista ha estado dedicando varios días al personaje. Muchas veces, este tipo de género aparece en los suplementos semanales, que son contenidos del periódico muy cuidados, dado que la tirada suele duplicar a la del resto de la semana. El género de la entrevista y el reportaje llevan mucho tiempo. Hay que hacer la entrevista con tiempo, tranquilidad y trabajar muy bien la redacción.

**El Artículo**. Pertenece al género de opinión en el que puede intervenir alguien que no sea periodista. Hay mucha libertad en este género. No hay normas, lo que priman son las ideas. Suelen tener una extensión limitada por un número de palabras que indica el redactor que hace el encargo.

### Observaciones sobre la prensa

El 80% de la noticias ya están establecidas en el día de hoy. Cuando la prensa comenzó había libertad. Hoy no es así. Las noticias llegan por una fuente: las agencias de prensa que alimentan a los medios (Reuters, Associated Press, EFE, Europa Press, etc.). El número de agencias se ha reducido en los últimos años. En España la Agencia EFE es una de las principales, que ha sido hasta hace poco tiempo de propiedad pública o estatal. Esta situación provoca que se genere muy poca diversidad de noticias en los periódicos. A nivel internacional, sólo 4 o 5 agencias distribuyen noticias para todo el mundo. La concentración en los medios es impresionante, de modo que las personas que deciden lo que es noticia son cada vez menos. Ellos elijen las noticias de acuerdo a sus propios intereses y agendas.

La opinión de los evangélicos tiene la dificultad de no contar con un grupo de presión detrás, por lo que su peso en los medios es limitado. Cuanto mayor peso social tengan las Iglesias Evangélicas, más fácil será el acceso a los medios. Aunque puede darse el caso de que aumente el peso social y no se refleje en los medios de comunicación, como es el caso de Guatemala, que desde un solo medio secular se hacen eco de las noticias evangélicas. Todo lo contrario sucede con el *lobby gay o ecológico* que recibe un eco inmediato en todos los medios. La presión de un grupo así, no depende del número de seguidores, sino de la influencia social de dicho grupo. En España por ejemplo tenemos el caso del terrorismo de ETA. El número de terroristas en activo era minúsculo y el de sus apoyos políticos muy reducido en relación al conjunto de la sociedad vasca, pero fueron capaces de movilizar todos los medios de comunicación con una gran habilidad.

En el acercamiento del comunicador cristiano a la prensa, encontrará algunas de estas barreras, que también se dan en la mayoría de los medios:

A.- Intereses y presiones políticas, ideológicas y económicas

B.- Acumulación de Agencias que dejan poca libertad de prensa

C.- Saturación de trabajo del reportero: periodista estresado.

D.- Acomodación del periodista con pérdida de objetividad.

E.- Falta de interés en investigar por la presiones.

F.- El poder de los estereotipos: protestantes terroristas (Irlanda), sectas, etc.

G.- Sensacionalismo: se venden noticias o el periódico quiebra.


### Intervención del comunicador cristiano

Dentro de este panorama el comunicador cristiano puede optar por varias alternativas. La primera es hacerse un hueco como articulista en el medio. Un camino fácil para conseguirlo es comprar publicidad en el medio, y poner como condición que permitan escribir un artículo de opinión que aparezca en la misma página donde está la publicidad. Así está sucediendo en varios lugares, entre los que destaca el doctor en periodismo Eduardo Bracier, pastor por muchos años de la Iglesia Evangélica de Salou (Tarragona), que por más de 14 años publicó una columna en la revista local, junto a la publicidad con el horario de la iglesia. De este modo consiguió llevar el testimonio cristiano, no sólo a su ciudad, sino a varios pueblos del entorno.

En medios locales es posible llegar a esta posición como articulista, por las relaciones personales con los periodistas y por escribir artículos interesantes que atraigan la atención de los lectores. Muchos pastores han ocupado este lugar a lo largo de la historia de España en tiempos de libertad. Hay que tener en cuenta que en muchas ocasiones los medios locales necesitan artículos para llenar las páginas, por lo que una oferta seria les puede resultar ventajosa.

Otra alternativa para el comunicador cristiano es la puesta en marcha de un periódico local de distribución gratuita. De este modo se puede poner en la calle un periódico con información local, sufragado con la publicidad de los negocios locales y con artículos de reflexión evangelística. Un ejemplo es el periódico www.Mallaeta.com que por años gestionó el pastor y misionero Juan Carlsen desde Villajoyosa (Alicante) para toda la comarca. No es fácil conseguir un hueco en el mercado con un periódico de este tipo, pero es posible con mucho trabajo, dedicación y buenas relaciones personales. El resultado es incomparable, pues pone en las manos del comunicador cristiano toda la autoridad para decidir los contenidos del periódico. No obstante, tendrá que moverse con cuidado, pues un periódico netamente "evangelístico" en un contexto secular como el europeo tenderá a perder anunciantes, y al final tendrá que cerrar.

**XLIV JORNADAS INTERNACIONALES DE CONVIVENCIA DE LA Iglesia evangélica**

Con una recepción celebrada el viernes 8 de Agosto en el Ayuntamiento de Palma del Río, la alcaldesa en funciones se dirigió a los participantes en estas Jornadas, a la cual fueron invitados por la Iglesia Evangélica de Palma del Río, para realizar diversas actividades sociales y culturales en la ciudad, entre los días 3 y 18 de agosto.

Bajo el lema "Palma del Río Amiga" se organizaron estas XLIV Jornadas Internacionales de Convivencia, las cuales vienen organizándose en diversos lugares desde hace más de 30 años, con el deseo de promover los valores y la fraternidad cristiana entre jóvenes evangélicos de España y del extranjero, buscando como resultado del encuentro que los participantes vivan

*Recepción en el Ayuntamiento*

una experiencia de intercambio cultural, descubran las raíces históricas del lugar donde se celebran, mejoren su formación cristiana y sirvan a la ciudad con distintas actividades sociales y culturales, demostrando el amor cristiano. La convivencia anterior se celebró el pasado mes de julio, en Zaragoza, colaborando con el pabellón Agua Viva que la Iglesia Evangélica tenía en la Expo.

Los participantes son en su mayoría jóvenes entre 17 y 30 años, miembros de Iglesias Evangélicas. El programa de actividades se ha organizado gracias a la excelente colaboración del Ayuntamiento. De este modo, entre los días 5 y 8 de agosto, los muchachos llevaron a cabo una labor de voluntariado social y ayudaron a la recuperación de varios parques de Palma,

*Jornadas limpiando un parque*

PALMA DEL RÍO AMIGA

que estaban en estado lamentable debido a la celebración del "botellón". También en colaboración con la concejalía de Juventud se desarrolló una campaña de promoción del uso del caso para los motoristas y otra de concienciación ciudadana para mantener limpia la ciudad los dueños de perros. También se celebraron varias actividades culturales como la obra de teatro "Los Mandamientos" interpretada por la compañía sevillana Scarcha el domingo día 10. El día anterior los palemos fueron deleitados por el grupo flamenco "En Kalma", con un concierto al que asistió un numeroso público. Para los más pequeños se celebró en el Paseo el Festival de la Biblia", donde con payasos, guiñoles, historias y manualidades se promovió la lectura de la Biblia, un clásico de la literatura cada vez más ignorado. El programa se completó con la proyección de las películas Lutero, El Final del Espíritu y Jesús entre los días 12 y 14 en la caseta municipal.

La presencia de la Iglesia Evangélica en

Festival Infantil

Palma del Río suma ya varios años con una labor comprometida en la rehabilitación de drogadictos y la atención a los inmigrantes. No obstante, el testimonio protestante en Córdoba data de los tiempos de la Reforma, cuando hombres como Juan Pérez de Pineda, natural de Montilla, dedicaron su vida a traducir la Biblia, arriesgando sus vidas, pero aportando una pieza única a la cultura española, como fue la primera traducción del Nuevo Testamento desde los originales. Andalucía ha contribuido de forma clave al desarrollo del protestantismo español, de modo que muchos de los líderes reformados nacieron en esta tierra, aunque desgraciadamente la mayoría murió en el exilio, por la persecución religiosa que atrapó en el oscurantismo por tantos años. Hoy los tiempos han cambiado y con estas Jornadas los Evangélicos demuestran s integración social y su apuesta por la construcción de un mundo más justo y solidario.

José Pablo Sánchez Núñez
Dtor. de las Jornadas

Teatro Scarcha

blv 49

La radio

Según el conocido historiador español Gabino Fernández, la primera vez que los evangélicos españoles salieron al aire en radio fue en 1935. En aquel año se emitió en directo un culto a cargo del predicador Fernando Vangioni en la ciudad asturiana de Gijón. Del acontecimiento se hizo eco la prensa local. Tendrían que pasar 16 años para que los españoles tuvieran de nuevo la oportunidad de sintonizar en sus radios el mensaje de Cristo. Radio Tansmundial, la cadena de radiodifusión evangélica de mayor alcance en el mundo, tuvo su origen en la inquietud de un misionero por alcanzar España con el Evangelio, Paul Freed. Después de dos viajes por España en 1948 y 1951, viendo la difícil situación de los evangélicos por la persecución franquista y la imposibilidad de anunciar el mensaje por la falta de libertad, nació en él la idea de crear una emisora de radio en Tánger, la cual se hizo realidad en 1954. Tánger en aquella época estaba bajo protección internacional y fue el refugio de muchas iniciativas que buscaban sembrar el Evangelio en España y formar a los líderes evangélicos. Con la independencia de Marruecos y la anexión de Tanger, la emisora tuvo que dejar de emitir y no sería hasta el 16 de octubre de 1968 que empezarían de nuevo sus programas en castellano, pero ahora desde Montecarlo. Desde entonces, las ondas han llevado la Palabra de Dios a España y han demostrado ser muy eficaces en la extensión del Reino de Dios. Algo similar sucedió en multitud de países, donde la radio ha jugado un papel clave en el desarrollo de las Iglesias Evangélicas y todavía hoy lo sigue jugando. Algunos han llegado a afirmar que es el mejor medio para este fin, por encima de la televisión y la prensa.

Con la llegada de la libertad a España en 1978, comenzaron a reproducirse en las ciudades más importantes del país emisoras de radio evangélicas cuya programación consistía principalmente en emitir predicaciones de pastores famosos latinoamericanos en su mayoría, música evangélica y hacer maratones para pedir ofrendas que sufragaran los gastos. Aún existen algunas de estas emisoras que ignoran el leguaje radiofónico y que en muchas ocasiones desprestigian el Evangelio, pues generan el temor en la audiencia española de que su único interés es económico y fortalecen, además, todos los prejuicios de los no creyentes contra el Evangelio. Para dar una alternativa diferente a la sociedad española, fundé Radio Encuentro en 2001 como un proyecto unido de las Iglesias Evangélicas de Madrid (www.radioencuentro.net).

Uno de los objetivos que siempre hemos tenido en Radio Encuentro ha sido la formación y la preparación de comunicadores que sean capaces de entender bien el lenguaje radiofónico y usarlo adecuadamente. Siguiendo la definición de Armand Balsebre, catedrático de Comunicación de la Universidad de Barcelona, *lenguaje radiofónico* es el "conjunto de formas sonoras y no sonoras representadas por los sistemas expresivos de la palabra, la música, los efectos sonoros y el silencio, cuya significación viene determinada por el conjunto de los recursos técnico-expresivos de la reproducción sonora y el conjunto de los factores que caracterizan el proceso de percepción sonora e imaginativo-visual de los radioyentes."[2] Como ya dijimos en el capítulo anterior, no hace falta una licenciatura para llegar a ser un buen locutor y

---

2    http://recursos.cnice.mec.es/media/radio/bloque2/pag4.html

realizador de programas de radio, pero si hace falta esfuerzo y ganas de aprender. A lo largo de los años hemos realizado multitud de talleres de formación y hemos comprobado cómo voluntarios que llegaban sin ninguna idea sobre radio, desarrollaban habilidades que les permitían aprovechar el medio con gran calidad. El contenido de este capítulo está basado en dichos talleres.

Muchos consideran que la radio tiene un potencial comunicador superior al de la prensa o la televisión por sus características únicas. La radio no exige dedicación exhaustiva, se pueden hacer otras cosas mientras se escucha, por ejemplo, conducir o cocinar. También es un medio muy accesible que el oyente puede escuchar en multitud de lugares y situaciones. Hasta en los rincones más remotos es fácil sintonizar una emisora, especialmente las de onda corta. Cuando sucede una tragedia, catástrofe o atentado, lo primero que la mayoría escucha es la radio, para seguir la noticia y mantenerse informados. Así, la grandes emisoras generan mucha credibilidad y su audiencia busca los comentarios y tertulias para informarse. Es, además, un medio económico comparado con otros, especialmente si lo comparamos con la televisión. La radio tiene un gran alcance de audiencia, su potencial es muy amplio y la llegada de nuevos medios de comunicación, como la televisión o internet, no han menguado este potencial. Aquellos que escuchan la radio llegan a identificarse con sus contenidos, y así, la radio es capaz de derribar barreras y cambiar estereotipos falsos. Por último, es un medio más personal que la televisión, pues habla a una sola persona.

Aunque son muchas las ventajas de la radio, también hemos de reconocer algunos inconvenientes cuando la comparamos con otros medios. Por ejemplo, su impacto es menos directo que la televisión. El mensaje emitido es más fugaz de modo que hay que repetirlo con frecuencia. También hay que tener en cuenta que «lo dicho, queda», es irreversible. La radio tiene un solo soporte comunicativo: la voz, el audio, aunque esto ha cambiado radicalmente con su integración en Internet. No obstante, allí donde sólo llega la radio, es un medio ciego, el locutor es los ojos del oyente.

Los profesionales de la radio afirman que estos inconvenientes son precisamente sus puntos fuertes y que con ellos es como se consigue fidelizar a la audiencia. En radio, no hemos de limitarnos sólo al uso de la voz, pues para producir un buen programa debemos usar también la música, los ruidos, los efectos sonoros e incluso los silencios para evocar actitudes e imágenes.

### Tres preguntas básicas

¿A quién? ¿Qué? y ¿Cómo? Son las tres preguntas de las que tenemos que partir antes de ponernos a hacer radio.

¿A quién queremos comunicar? Definir nuestra audiencia (o *target*) es el primer paso. No es lo mismo un programa para creyentes o inconversos. También importa mucho la edad, niños, jóvenes, adultos o ancianos tienen gustos e inquietudes muy diversas. Cuanto más ajustemos nuestro *target* más posibilidades tenemos de conseguir su atención y mantener su fidelidad al programa. Este punto parece lógico, pero escuchando la mayoría de medios cristianos habría que llegar a la conclusión de que algunos no lo han entendido. Los responsables de dichos medios afirman que su programación está pensada para alcanzar a los no creyentes, pero al escuchar sus emisiones o verlas, tanto el contenido como el leguaje son netamente eclesiales. Sermones, estudios bíblicos, oraciones y aleluyas se suceden sin cesar. De modo que existe una incoherencia entre la meta afirmada por los responsables y la realidad objetiva. Una de dos, o no han entendido qué es el *target* o viven en una nube. Para alcanzar un determinado *target* hay que conocerlo, investigarlo, encontrar sus necesidades sentidas y aprender su lenguaje. También hay que descubrir sus estereotipos, sus barreras y rechazos para eludirlos y adaptar nuestra programación, sin eliminar el mensaje del Evangelio.

Es importante reconocer que la audiencia, nuestro *target*, la podemos definir antes de hacer un programa, o simplemente se generará de forma natural en torno a nuestro programa aunque no la hayamos definido. Es decir, todo tipo de programa genera un tipo de audiencia. Lo queramos o no este es un fenómeno natural en los medios. El hecho de no elegir un *target* no significa que no lo tengamos. Lo que sucede con más frecuencia es que el productor que no ha elegido un *target* genera una audiencia de un perfil similar a él mismo. Un locutor inglés, intelectual, que le guste la música clásica y la poesía, generará una audiencia con ese perfil de forma natural. La única forma de evitar este fenómeno natural, es definir un *target* y ajustar nuestro programa a su perfil. Si queremos conectar con jóvenes rumanos universitarios, el locutor debería ser un rumano universitario y los temas a tratar aquellos que les preocupen al *target* no al productor. Insisto en este asunto porque es donde veo más errores. Hay audiencias para todo. Unas audiencias no son mejores que otras. Es lícito delante de Dios hacer programas para creyentes o inconversos. Cualquier modelo de programa tendrá su audiencia. Ahora bien, es importante que seamos objetivos y honestos con nosotros mismos y conozcamos quién es de verdad nuestra audiencia.

¿Qué queremos comunicar? Definir el contenido de nuestro programa será el segundo paso, una vez elegida la audiencia *target*. Dentro de los diversos intereses de nuestra audiencia tenemos que elegir algunos que nos sirvan como punto de partida y conexión con ella. Aunque sabemos que el centro de nuestro mensaje es el Evangelio, hay que encontrar el momento clave para comunicarlo. Si no sincronizamos nuestra comunicación con la audiencia, estaremos hablando al aire, pues nadie escuchará. Cuando el apóstol Pablo llegó a Atenas, comenzó hablando de los dioses que los atenienses conocían, utilizó los versos de algunos de sus poetas y conectó con su audiencia desde el primer momento. Luego, una vez que tenía su atención, presentó el Evangelio del Dios desconocido que se había encarnado y resucitado. Este acercamiento paulino a la comunicación es el paradigma que debemos imitar todos aquellos que deseamos alcanzar relevancia comunicativa con una audiencia no religiosa, indiferente o pagana. La investigación sociológica juega aquí un papel clave, pues nos ayuda a descubrir los asuntos que realmente están importando a nuestra audiencia. Leer el periódico y hablar con la gente en la calle es una forma sencilla de mantenerse al día y encontrar esos puntos de conexión clave. Una vez identificados, partimos de ellos para aportar una visión evangélica del asunto y desde ahí, construir una aportación que ayude a nuestra audiencia a acercarse a Dios.

¿Cómo comunicaremos? El formato es el tercer elemento que surge como fruto de los dos anteriores. La mayoría de emisoras cristianas han transportado el púlpito a la radio y la televisión, creyendo que la audiencia es la misma y presuponiendo un interés que no siempre es real. En este sentido es importante que diferenciemos una audiencia *cautiva* de la *libre*. La audiencia de la iglesia es una audiencia cautiva. No puede escapar. No puede irse a ningún lugar aunque sea aburrida la predicación. Siempre habrá alguien que se levante para ir al servicio, pero la mayoría permanece en su silla hasta el final. En la radio, la audiencia es libre y en el momento en que le aburre una emisora, cambia a otra. Si no conseguimos mantener la atención, perderemos el tiempo hablando y hablando por el micrófono. Sería lo mismo que predicar en una iglesia vacía. Nadie lo haría, pero en radio y televisión, algunos evangélicos viven con la ilusión de que alguien estará escuchando. En radios comerciales existen controles de audiencia. En España está el Estudio General de Medios que informa minuto a minuto de los índices de audiencia, dado que el precio de la publicidad se paga en relación a estos índices. Desgraciadamente solo algunos medios muy poderosos tienen suficientes recursos para pagar estas auditorías de oyentes, que son caras. No obstante, las radios cristianas deben mantener al día herramientas que les permitan medir su audiencia, por ejemplo, ofrecer regalos llamando a un teléfono, o consultas en Facebook, etc. Cuando hablamos del formato de los programas de radio, también se incurre con frecuencia en repetir programas, sin crear diversidad de contenidos, conformando una programación monótona que sólo capta la atención de algunos creyentes.

### Elementos de un buen programa de radio

A la hora de confeccionar un programa de radio tenemos que atender a lo comprensible del mensaje, el rigor, la pertinencia y la atracción del contenido. Desarrollemos por partes estos elementos.

**Comprensible.** Ya hemos mencionado que una de las limitaciones de la radio es el sonido. No hay imagen y la comunicación depende en gran medida de la voz. Es elogiable que un paralítico quiera competir en los Juegos Olímpicos, pero no tendría ninguna posibilidad frente a los atletas de élite. Por eso, la buena voluntad no basta para hacer radio, hay que tener condiciones, y entre ellas, una buena voz siempre será de mucha ayuda. Nuestro mensaje llega a ser comprensible cuando la recepción de la señal tiene calidad con un sonido sin interferencias. Y además, la voz del locutor es agradable, con buena pronunciación y entonación. Pero sobre todo, cuando las ideas se comunican de forma clara, pues lo complicado y enrevesado pierde a la audiencia. Hay que mantener conceptos simples y sencillos. La radio no es para lucirse sino para hacer llegar un mensaje mientras entretenemos a la audiencia. La exposición ha de ser concisa, yendo al grano, evocando las imágenes con la voz. Sentir el mensaje uno mismo, vivirlo con pasión. La emoción se contagia con la voz. También ha que tener cuidado con la construcción de los relatos, para que no tengan faltas de sintaxis y sean estéticas. Por supuesto, el locutor debe leer sin que se note, para que se escuche su voz como si hablara de forma natural y buscando siempre la autenticidad, hay que dejar fluir la propia personalidad y ser uno mismo ante el micrófono.

Hay audiencias para todo. Sea lo que sea que hagamos en la radio, como en cualquier otro medio, habrá gente a la que le gustará y otra que lo criticará. El asunto es si estamos alcanzando la audiencia adecuada. Dada la escasez de recursos que siempre existe en la iglesia, lo mejor sería que invirtiéramos lo poco que tenemos en una radio que avance el Reino de Dios y lleve su amor y justicia al mundo.

**Rigor.** Un buen programa de radio, además de ser claro e inteligible, debe ser un programa riguroso, que genera credibilidad y que va desarrollando una audiencia fiel. Para conseguirlo, es necesario tener en cuenta que la información que demos en antena debe estar contrastada, ha de ser rigurosa y los datos deben tener claras las fuentes. Debemos también evitar los extremos, por ejemplo, el conformismo que consiste en dar a la audiencia siempre lo que quiere, o el triunfalismo, un optimismo fingido y sin fundamento que creará rechazo en la audiencia por nuestra arrogancia y falta de humildad. El derrotismo es otro de los extremos a evitar, no hay nada más triste que escuchar en la radio a un locutor deprimido, triste, afligido y apenado. La vida ya es suficientemente dura como para tener que escuchar en la radio a un locutor abatido.

En un medio de comunicación evangélico, o en un programa de radio, hemos de ser conscientes de que, lo queramos o no, representamos a muchas iglesias y denominaciones. Mucha de la audiencia que nos escucha padece con frecuencia de analfabetismo religioso. No sabe diferenciar entre denominaciones y mucho menos entre doctrinas. Por lo tanto, en los programas deberíamos siempre cuidar un contenido centrado en las enseñanzas que nos unen y no las que nos diferencian. Cuando Cristo sea el centro de nuestro mensaje, tendremos éxito, y seremos correctos y respetuosos con todos.

Por otro lado, hemos de tener sumo cuidado en no reforzar con nuestros programas algunos de los estereotipos que bloquean la aceptación del Evangelio. En España, al igual que en muchos países de Latinoamérica, por muchos años se ha dicho que los evangélicos sólo están interesados en tu dinero, de modo que pedir dinero por radio refuerza esa barrera. También se ha dicho que somos extranjeros porque el español auténtico es católico. Cuando introducimos contenidos producidos en otras lenguas o acentos, nos guste o no, reforzamos ese estereotipo. Al final, la mayor parte de la audiencia que responde a programas con acentos foráneos es aquella que se siente identificada con el acento del locutor.

**Pertinencia.** Alcanzamos relevancia en un programa de radio cuando conseguimos involucrar a la audiencia, de modo que el oyente se sienta directamente como un actor del mismo. Para ello necesitamos conocer a la audiencia, entender la psicología humana y sobre todo, ponernos en el lugar del oyente.

El tipo de audiencia que vamos a alcanzar determina los contenidos que ofrecemos. Pero un programa de radio suele tocar diversas audiencias. Están aquellos que siguen la programación de forma pasiva. Simplemente escuchan porque tienen la radio encendida y no les molesta el contenido; les sirve de compañía. Nos interesa que siga así, pues esa escucha pasiva puede llevar a una activa algún día. Aquellos que escuchan el programa activamente, recuerdan los contenidos y buscan la programación.

Incluso hacen un esfuerzo para sintonizar el programa cuando están en otra emisora. De este modo, además de ser una audiencia activa, es también fiel. Estos dos elementos componen la audiencia óptima para cualquier medio. Está también la audiencia coincidente, la que ha escuchado por casualidad. No hemos de ignorar que ésta es, a veces, la puerta de entrada a otros tipos de audiencia, de modo que también hemos de prestarle atención. La recapitulación frecuente durante el programa es una buena forma de hacerlo (estamos aquí, con.... hablando sobre, y seguimos en..., etc.).

**Atracción.** La gente conecta la radio para ser feliz, no para complicarse la vida. Según los expertos, una buena radio debe tener un 20% de información y un 80% de entretenimiento, por lo tanto hemos de prestar a nuestro contenido mucha atención para que sea interesante y atractivo. Lo conseguiremos si la presentación es ágil, dinámica, con ritmo. En este sentido, el primer programa de una serie es vital, pues marcará a la audiencia el estilo y creará expectativas positivas, si lo hacemos bien. También debe tener variedad de recursos: música, efectos especiales, humor, drama, risas, etc. Por supuesto, es muy importante que el formato sea el apropiado. No es lo mismo una tertulia, que un magazine, una entrevista o un monográfico. Debemos tener claro nuestro formato y escuchar mucha radio para ver qué están haciendo otros que realmente conecta con la audiencia. Un elemento que suele pasar desapercibido es la vestimenta imaginativa del programa. Cada programa debe tener su propia identidad marcada por dicha vestimenta: viaje, tren, protagonistas, tablero, etc.

Según a donde vamos, a una fiesta, a clase, al trabajo, nos vestimos de forma diferente. Igual sucede con los programas de radio, los vestimos de acuerdo a nuestro objetivo, para alcanzar a una audiencia específica, con el fin de despertar la imaginación del oyente. Una vez elegido el concepto o vestido, trabajamos los contenidos del programa usando la terminología propia del vestido. Así por ejemplo, si estamos en un programa titulado "Caravana de la vida", usaremos otros términos como carretas, caballos, campo, acampada, etc. Si es "El tren de la vida" tendremos vagones, estaciones, etc. Si es "Zumo de fruta" hablaremos de exprimidor, sabor, color, frescor etc.

La presentación del Evangelio en un programa de radio debe seguir un proceso, al igual que en el resto de la evangelización: Presencia – Proclamación – Persuasión. El arte consiste en cautivar a la audiencia para que mantenga la atención a lo largo del proceso. En una primera etapa, nuestro programa debe estar enfocado en ganar el corazón de la audiencia, para pasar a alimentar su cerebro con información interesante y mostrar la necesidad de tomar una decisión. Allí es donde la persuasión, el llamado a la voluntad, debe aparecer exponiendo un reto a la audiencia. Estos elementos también hemos de tenerlos en cuenta cuando los aplicamos a una emisora cristiana. Debe haber contenidos exclusivos para cada una de las fases. Al evaluar un medio de comunicación cristiano debemos evitar aquello que dice el refrán. "Los árboles no nos dejan ver el bosque". Debemos mirar el medio en su conjunto, en todo su contenido y teniendo en cuenta un periodo de tiempo. Sólo esa perspectiva nos dará una visión objetiva y equilibrada del medio.

En muchas ocasiones he recibido críticas por algunos de mis programas de radio o televisión. El comentario común era que "no se había presentado el Evangelio", que "se había desperdiciado el tiempo con música o anécdotas" o que "en lugar de predicar la Biblia estábamos dando datos históricos". Algo de verdad había en dicha crítica. De paso, he de confesar que la crítica me despierta. Nunca he rechazado una crítica sin evaluarla en oración buscando cómo mejorar mi trabajo, pero también soy capaz de verla desde una perspectiva global. Hay programas que están enfocados sólo en "presencia", en preparar el terreno y eliminar prejuicios. Esa función es vital para la comunicación y no llevan más "predicación" adrede. Son así y hay que valorarlos así. Lo triste sería que un programa se emitiera durante varios meses y nunca se hablara de las Buenas Noticias de la reconciliación del ser humano con Dios. Por lo tanto, a la hora de programar, hemos de tener una visión global, mirar al bosque y dedicar algunos programas sólo para preparar el terreno o "presencia", otros para compartir el Evangelio o "proclamación" y otros para retar a la acción o "persuasión". En la última sección del libro se ha incluido la Tabla de Engel, donde puede verse el proceso natural que la mayoría de personas experimentan en su peregrinaje espiritual. Entender este proceso es también vital para nuestro trabajo de comunicación, pues nos ayudará a fijar expectativas objetivas en cuanto a la respuesta de la audiencia, lo cual también contribuirá de forma decisiva a nuestra valoración personal del trabajo realizado. Es fácil desanimarse con el trabajo en los medios. Si el resultado esperado consiste únicamente en la conversión, entonces estaremos frustrados especialmente si trabajamos en culturas post-modernas o musulmanas. Pero el resultado es diverso y no puede valorarse sólo con conversiones. Cualquier paso que dé nuestra audiencia que le acerque a Dios, será un resultado positivo. Esta es la razón por la que hemos definido el propósito de nuestros programas en radio y televisión como "ayudar a nuestra audiencia a dar un paso más cerca de Dios."

### Pasos para la elaboración de un proyecto radiofónico

Detrás de toda producción radiofónica, debe existir un proyecto, donde se plasmen las ideas, objetivos y propósito del mensaje que desea transmitirse. La elaboración de un proyecto radiofónico debe hacerse de acuerdo a los siguientes pasos:

**Nombre del programa:** Buscar un nombre sugestivo que englobe lo que el programa ofrece. Definir la vestimenta que daremos al programa que debe ir en conexión con el nombre. Ya he hablando anteriormente de la vestimenta, esa identidad que da a nuestro programa su carácter.

**Justificación:** Aquí debemos explicar cuáles son las razones para realizar el programa, y por qué es necesaria su producción.

**Objetivo General:** Definir nuestro principal objetivo al emitir el programa, indicando la audiencia *target* que pretendemos alcanzar. Según sea nuestro *target* así será nuestro contenido y formato.

**Objetivos específicos:** Enumerar las metas que nos proponemos cumplir, pensando en las necesidades sentidas de nuestra audiencia y nuestros propios deseos. Es importante definir bien estos objetivos porque son los que nos ayudarán a medir posteriormente nuestra eficacia, de modo que no conviene proponer objetivos que no está en nuestra mano alcanzar.

**Género radiofónico:** Musical, didáctico, informativo, magazine, etc.

**Estructura:** Describir una emisión por minutos con sus contenidos: secciones, sintonías, caretas, indicativos, entrevistas, etc.

**Temario:** Hacer una lista de los posibles temas a tratar que será clave a la hora de programar el trabajo de producción. Cuando tenemos un buen temario es mucho más fácil hacer un calendario y conseguir un contenido completo y equilibrado.

**Modalidad de producción:** Hay que decidir si el programa se hará en vivo o grabado previamente. También puede ser mixto, es decir, en vivo con algunas secciones grabadas previamente.

**Duración:** Tiempo de emisión que se establece para cada programa.

**Horario y periodicidad:** La hora de emisión prevista y periodicidad diaria, semanal, etc.

**Equipo técnico y material:** Grabadoras, micros, CD, músicas, sintonías, etc. Aquí hay que tener en cuenta que los derechos de autor en sintonías y música son cada vez más restringidos y controlados. Si el programa se va a emitir a nivel internacional, debemos asegurarnos de que tenemos los derechos, de lo contrario algunas emisoras no podrán emitirlos.

**Equipo humano:** Personas que participarán en la producción, locutor, productor, técnico de sonido.

**Presupuesto:** En base a todo lo que ya hemos mencionado, hay que hacer un cálculo del costo, teniendo en cuenta cada partida, tantos los gastos de producción como de emisión. Incluso aunque el programa se emita en una emisora cristiana de forma gratuita y con los locutores y técnicos como voluntarios, debe hacerse un presupuesto con su verdadero valor, es decir, su valor comercial, pues así sabremos lo que estamos ofrendando a la emisora cuando lo hacemos de modo altruista. También, cuánto la emisora nos está regalando al dejarnos emitir nuestro programa en su cadena.

Todos estos elementos deben quedar plasmados en un documento que nos servirá para presentar nuestro proyecto radiofónico en la emisora, o incluso para buscan financiación, pues si el programa es bueno, puede haber entidades interesadas en financiarlo.

Las oportunidades para realizar programas de radio son cada vez mayores. Las radios cristianas necesitan programación y buscan voluntarios dispuestos a colaborar. Internet permite que cada iglesia que lo desee tenga su propia radio online. Nunca ha sido tan fácil acceder al medio, pero antes de ponerse delante del micro, es vital pensar. Cualquier cosa no vale. Nuestro Dios merece mucho más. Un buen punto de partida sería coger papel y lápiz o teclado y pantalla y escribir uno a uno estos pasos. Así, no solamente estaremos poniendo un fundamento serio para nuestro proyecto. También estaremos demostrando que realmente nos importa dar lo mejor para nuestro Rey Jesús.

# El guión en radio

El guión es el documento escrito que define el camino a seguir en un programa de radio, la hoja de ruta que nos guiará de principio a fin del programa. Puede ser un guión completo donde estén todos los contenidos al detalle, o un guión esquemático. Dependiendo del tipo de programa es más conveniente un tipo de guión u otro. Incluso puede haber un guión esquemático, con algunas partes muy detalladas que se lean durante el programa.

Un programa de radio serio, siempre tendrá detrás un guión trabajado, pensado y elaborado con anterioridad. La improvisación es el arte de decir con palabras no previstas, conceptos e ideas ya previstos. Puede tener lugar dentro de un programa de radio, siempre que forme parte del guión. Otra cosa es valorar en poco el potencial del medio y arriesgar el testimonio cristiano.

La elaboración del guión lleva más tiempo que la propia ejecución del programa de radio. En ella pueden intervenir varias personas y es conveniente el trabajo en equipo, pues el resultado será mucho más atractivo. Así, por ejemplo, en Mundo Protestante, el programa de Radio Nacional de España que dirijo, trabajamos 4 personas en la preparación del guión. Una busca la información relevante y actual sobre el tema a tratar. Hoy esto es más sencillo que nunca con Internet. Google ha revolucionado esta área y ha hecho mucho más fácil encontrar datos relevantes. Otra se encarga de preparar las preguntas al invitado, analizando la información disponible y buscando áreas de interés para la audiencia. La tercera propone la música que sintoniza con el tema a tratar y la cuarta une todas las partes, las revisa y construye el guión final. Para un programa de 15 minutos, detrás hay un trabajo de varias horas, que sólo es posible por el trabajo en equipo.

A continuación se ofrece el proyecto Mundo Protestante que fue presentado en Radio Nacional de España como punto de partida antes de la emisión de dicho programa, que lleva en antena desde 2006 y el primer guión del mismo programa.

❖

# Mundo Protestante

Programa de la Iglesia Evangélica en
Radio Nacional de España

❖

Autor: José Pablo Sánchez Núñez
FEDERACIÓN DE ENTIDADES RELIGIOSAS
EVANGÉLICAS DE ESPAÑA
C/ Mequinenza, 20 – 28022 Madrid
Telf. 91 743 44 00 – jpsn@tiempodecreer.com

## ❖ NOMBRE DEL PROGRAMA <<<

Mundo Protestante

## ❖ JUSTIFICACIÓN <<<

Programa religioso de las Iglesias Evangélicas de España que da una panorámica de la realidad protestante española e internacional desde varias perspectivas y contenidos como son el teológico, la reflexión bíblica, la contribución a la historia y la cultura, la musicología y la actualidad.

## ❖ OBJETIVO GENERAL <<<

Dar una información fidedigna desde la óptica protestante del hecho religioso evangélico y su cosmovisión del mundo.

## ❖ OBJETIVOS ESPECÍFICOS <<<

1.- Dar a conocer la espiritualidad evangélica o protestante española, su teología, historia, desarrollo y aportación a la cultura.

2.- Informar de las actividades más relevantes que llevan a cabo las Iglesias Evangélicas.

3.- Promover la tolerancia hacia el protestantismo para superar viejos prejuicios y el analfabetismo religioso producto de la persecución religiosa del pasado.

4.- Facilitar la normalización democrática en cuanto al hecho religioso y la integración social de los evangélicos españoles.

5.- Ofrecer una programación con contenidos espirituales que colabore en la construcción de una sociedad mas justa y pacífica.

## ❖ GÉNERO RADIOFÓNICO <<<

Religioso (Didáctico, Informativo)

## ❖ Estructura del Programa <<<

1.- CABECERA (20 segundos)
    1.1    Música: Canción "Yo soy el Camino" interpretada por Lole Montoya, CD "Liberado" , 1997 Sagliocco Records. Introducción.

    1.2    Locutora: "Mundo Protestante, un programa de la Iglesia Evangélica guiado y dirigido por José Pablo Sánchez"

2.- INTRODUCCIÓN AL TEMA (1 minuto)
    2.1    Análisis de un texto de la Biblia aplicado a las necesidades y preocupaciones de la sociedad y la actualidad evangélica.
    Se entra directamente al tema dejando la bienvenida para después.

3.- RÁFAGA 1 (6 segundos)
    3.1    Música "Yo soy el camino"
    3.2    Locutora: "Mundo Protestante, tu programa evangélico en Radio Nacional"

4.- BIENVENIDA Y SUMARIO (1 minuto)
    Se da la bienvenida y se indica de forma esquemática los contenidos de cada sección del programa siguiendo la metáfora de un "viaje".

    Ejemplo: "Hola amigos, muy bienvenidos. Os proponemos hoy un viaje muy interesante por el Mundo Protestante donde conoceremos de cerca...."

5.- RÁFAGA 2 (5 segundos)
    5.1    Música "Yo soy el camino"
    5.2    Locutora: "Mundo Protestante, cristianos de corazón"

6.- PRESENTACIÓN TEMA E INVITADO (1 minuto)
    6.1    Se dan más datos e información relevante sobre el tema a tratar
    6.2    Se presenta al invitado con quién se dialogará sobre el tema que serán especialistas en la materia a tratar.

7.- ENTREVISTA (6 minutos)
    En estudio o por teléfono se dialoga con el invitado sobre el tema

8.- RÁFAGA 1 (6 segundos)

9.- MÚSICA PROTESTANTE (2 minutos y 30 segundos)
    9.1    Presentación de la canción y autor
    9.2    Himnología protestante y música contemporánea evangélica

10.- EFEMÉRIDES HISTÓRICAS (1 minuto)
    Mirada retrospectiva a personajes y eventos de la historia protestante enfatizando su contribución a la cultura española o al desarrollo de la humanidad.

11.- RÁFAGA 2 (4 segundos)

12.- ACTUALIDAD EVANGÉLICA (1 minuto)

Acontecimientos, convocatorias y noticias de interés para las Iglesias Evangélicas de España

13.- DESPEDIDA (20 segundos)
   13.1   Música "Yo soy el camino"
   13.2   Despedida del presentador: "Es todo por hoy. Gracias por acompañarnos en este breve viaje por el Mundo Protestante. Os esperamos la próxima semana. Hasta entonces, que Dios os bendiga. "

## ❖ TEMARIO <<<

Estos son algunos de los temas que trataremos próximamente:
1.- La credibilidad de la Biblia y el Código Da Vinci
2.- El papel de las profecías bíblicas ante las catástrofes naturales
3.- La auténtica espiritualidad cristiana y el postmodenismo
4.- Actualidad de la  Reforma Protestante frente a las nuevas teologías "neo"
5.- ¿Evangelio de Jesús o de Judas?
6.- Biblia y Arqueología
7.- Fiestas del calendario litúrgico: Navidad, Semana Santa, Pentecostés, etc.

## ❖ MODALIDAD DE PRODUCCIÓN <<<

Grabado en los estudios de RNE en Prado del Rey, haciendo todos los programas de un mes, la primera semana del mes.

## ❖ DURACIÓN <<<

15 minutos

## ❖ HORARIO Y PERIODICIDAD <<<

Programa semanal que se emite en RNE los sábados por la mañana (por confirmar)

## ❖ REQUERIMIENTOS HUMANOS <<<

Director: Planifica y conduce el programa
Guionista: Prepara la documentación del programa y los guiones
Técnicos:  Personal de RNE que se encargan de la grabación y edición final.

## ❖ PRESUPUESTO GASTOS EXTERNOS <<<

Director: 100 € por programa
Guionista: 100 € por programa

MUNDO PROTESTANTE - Programa 1

❖

# Mundo Protestante

Programa de la Iglesia Evangélica en
Radio Nacional de España

❖

| | |
|---|---|
| **Programa nº:** | 001 |
| **Fecha emisión:** | 2006/09/17 |
| **Título:** | La Veracidad de la Biblia |
| **Director:** | José Pablo Sánchez Núñez |
| **Colaboradores:** | Esperanza Suárez – Beni Moreno |
| **Contenidos:** | |

Entrevista: José de Segovia
Música Evangélica: ¿Qué imagen? René González
Historia: Henri Dunant

C/ Mequinenza, 20 – 28022 Madrid Telf. 91 743 44 00 – info@canaldevida.org

| 1.- CABECERA | 30" |
|---|---|

| 2.- INTRODUCCIÓN | 1' |
|---|---|

**JOSE PABLO SANCHEZ**
Jesús de Nazaret, el Mesías, dijo: *"El cielo y la tierra pasarán, pero mis palabras no pasarán"* (Lc. 21:33). La película "El Código Da Vinci", basada en la novela del mismo título, escrita por el autor norteamericano Dan Brown, supone el último ataque directo a esta afirmación de Jesús. Nada nuevo bajo el sol, pues en realidad, al repasar la historia, nos damos cuenta, de que, Jesucristo, fue puesto en duda, por muchos, desde el comienzo de su ministerio. Sin embargo, lo que sorprende, es la atracción que sigue provocando su figura, hasta el punto de hacer multimillonario a un autor desconocido, que se aprovecha de la ignorancia del gran público, para sembrar sospechas y temores a través de su obra. La cuestión es ¿Quién lleva razón, Dan Brown, el autor del Código Da Vinci o los autores de los Evangelios, Mateo, Marcos, Lucas y Juan?

| 3.- MELODÍA PROGRAMA (Lole Montoya cantando 0:17 *" Caminando por senderos por poblados por montañas fue Jesús. Anunciando buenas nuevas porque ya estaba cera el reino de Dios...)"* | 15" |
|---|---|

| 4.- BIENVENIDA Y SUMARIO | 2' |
|---|---|

Hola amigos, muy bienvenidos a este primer programa de Mundo Protestante. Les habla José Pablo Sánchez. Queremos comenzar agradeciendo a Radio Televisión Española la cesión de este tiempo, en Radio Nacional, para las Iglesias Evangélicas de España. Este programa supone para los protestantes españoles un paso muy importante en el desarrollo de la igualdad religiosa y la normalización democrática. Hemos esperado este día desde hace más de de 20 años, desde enero de 1985, cuando comenzó la emisión de "Tiempo de Creer" en Televisión Española, un programa similar al que hoy comienza, donde la confesión Evangélica, Judía y Musulmana accedían a la pequeña pantalla. Gracias a todos aquellos que ha colaborado para abrir esta nueva puerta a la libertad.

Y sin más preámbulos, vamos al sumario para conocer los contenidos de nuestro programa hoy. Hola Esperanza ¿Cómo estás?
**(ESPERANZA:Hola José Pablo, me preguntas qué cómo estoy... pues muy contenta de esta experiencia y de esta aventura que hoy comenzamos. )**
Esperanza Suárez estará con nosotros cada semana colaborando en la realización de Mundo Protestante. ¿Qué tenemos hoy por delante?

**ESPERANZA SUAREZ**
Pues os proponemos hoy un viaje muy interesante por el Mundo Protestante...
1. El **tema central** que nos ocupa, en este nuestro primer programa, es LA VERACIDAD DE LA BIBLIA,
2. Tendremos con nosotros en la **entrevista** a José de Segovia, periodista, teólogo y pastor de la iglesia evangélica............................ en Madrid.
3. Seguiremos con un **bloque musical** que hará referencia en cierta manera al tema de hoy.
4. Y por supuesto lo que será habitual en cada uno de nuestros programas es un **rincón histórico**, en el presentaremos acontecimientos y personajes evangélicos

que han contribuido en gran medida a la cultura protestante... hoy nuestro viaje por la historia será con Henry Dunant

5. Y ya para finalizar mundo protestante, daremos un pequeño avance de actividades actuales del mundo evangélico.

| 5.- RÁFAGA 1 | 15" |
|---|---|

| 6.- PRESENTACIÓN TEMA E INVITADO | 1' |
|---|---|

**JOSE PABLO SANCHEZ**

Como decíamos al principio de nuestro programa, la película El Código Da Vinci pone en tela de juicio la credibilidad de la Biblia. En el primer fin de semana la película consiguió recaudar 232 millones de dólares en todo el mundo. Al parecer ha sido el estreno más taquillero de la historia, solo superado por La Guerra de las Galaxias III. Millones de personas han visto la película o leído la novela, que sólo en España, vendió 125.000 ejemplares en los primeros 50 días. En el resto del mundo, la obra ha sido traducida a 30 idiomas y se han vendido más de 45 millones de ejemplares. De modo que podemos afirmar, sin temor a equivocarnos, que estamos ante un fenómeno mediático con repercusiones incalculables, especialmente para aquellos cuya única fuente de información sobre la realidad sean dichos medios.

María Magadalena, una mujer que aparece en el relato de los Evangelios de forma esporádica, se convierte en la película, en el centro de la historia, como la amante y progenitora de la descendencia de Cristo. Es fácil provocar audiencia con teorías morbosas. Pero ¿qué hay de cierto en todo esto?

| 7.- ENTREVISTA | 5' |
|---|---|

Don JOSÉ DE SEGOVIA, hola, bienvenido (saluda)

PREGUNTA: ¿Qué hay de cierto en el Codigo Da Vinci?

PREGUNTA: Entonces, las teorías sobre Cristo y su descendencia que aparecen en la película ¿No tienen ningún apoyo en alguna literatura histórica?

PREGUNTA: Es de suponer que un teólogo cristiano evangélico diga lo que tú estás diciendo ¿Pero sobré qué fundamento podemos afirmar que el relato de los Evangelios es fiable?

PREGUNTA: Tú, como periodista, conoces bien el efecto que provocan los medios de comunicación en la audiencia. ¿Cómo va a afectar al subconsciente colectivo de la sociedad esta obra?

PREGUNTA: ¿Sabes a mi lo que me preocupa? Que perdemos a Cristo. Unos minando su credibilidad, otros defendiéndola, nos enredamos en un debate donde desaparece la belleza, el poder y el misterio del verdadero Cristo. ¿Qué podemos hacer?

PREGUNTA: ¿Cuál crees tu que es la mayor evidencia de la veracidad del Evangelio?

DESPEDIDA. Bueno, es un tema muy interesante, pero tenemos que dejarlo aquí, esperamos haber provocado a nuestros oyentes a seguir investigándolo y, sobre todo, a leer los Evangelios, para que descubran por ellos mismos la realidad viva de Jesucristo. Gracias José.

| 8.- RÁFAGA 1 | 15" |
|---|---|

| 9.- CANCIÓN PROTESTANTE    ¿Qué imagen?  de René González | 2' |
|---|---|

COMIENZA CANCIÓN

**ESPERANZA SUÁREZ**
Con un corazón tierno y una impresionante voz, el compositor puertorriqueño René González ha logrado capturar el corazón de sus oyentes en todo el ámbito internacional.

"¿Qué imagen?" es el titulo de una de las canciones de su último trabajo. Esta canción es una adaptación del poema "Qué imagen me va a hacer" del poeta "el Perez", escuchemos detenidamente esta hermosa canción en la que se destaca la grandeza del Dios Omnipotente.

TERMINA CANCIÓN

**JOSE PABLO SANCHEZ**
En cada programa de Mundo Protestante, presentaremos a un personaje o acontecimiento de la historia evangélica, para recordar la aportación cultural y humanitaria de cristianos de corazón. Personas que nos motivan a vivir la fe con compromiso y pasión.

Esperanza nos lleva ahora de viaje por la historia protestante.

| 10.- HISTORIA: HENRI DUNANT | 2' |
|---|---|

MUSICA: Bach.... Concierto de Branderburgo.... CORTE nº 2

**ESPERANZA SUAREZ (**

La cálida brisa que sopla sobre los fértiles campos de Mantua, lejos de tranquilizar el espíritu del observador, añade patetismo a las dantescas escenas de la tragedia.
Es la tarde-noche del 24 de junio de 1.859, acaba de terminar la batalla de Solferino entre los ejércitos de Austria por un lado, y Francia y el Piamonte por otro. Tan apacible paisaje, en otros tiempos, se halla ahora tapizado con cuarenta mil muertos y heridos.

El espectáculo causa tal impresión en un banquero suizo que acertaba a pasar por allí, que le lleva a organizar el socorro de los heridos, sin distinción de uniforme o nacionalidad.

Este banquero, que transitaba la región en viaje de negocios, es (Yan Jenri Dinant) Jean Henri Dunant.

Impresionado por su experiencia, escribe "Recuerdo de Solferino", donde concibe la idea de crear sociedades de socorro en tiempo de paz, cuya finalidad "será cuidar de los heridos en tiempo de guerra por medio de voluntarios entusiastas y dedicados, perfectamente cualificados para el trabajo..."

Esta idea fue recogida por un grupo de cuatro ciudadanos suizos que junto con (Dinant) Dunant dan origen en 1.863 al Comité Internacional de la Cruz Roja.

(Yan Jenri Dinant) Jean Henri Dunant, había nacido en Ginebra el 8 de mayo de 1.828 en el seno de una rica familia. Siempre estuvo inspirado por sus convicciones cristianas evangélicas y por un profundo sentido religioso, esto fue lo que le llevó a usar su capacidad para triunfar en los negocios a favor de los más necesitados.

En 1.855 es uno de los más importantes promotores en la fundación y desarrollo de la organización protestante YMCA (Alianza Mundial de Uniones Cristianas de Jóvenes).

Indudablemente, fue el trabajo de sensibilización de los gobiernos sobre el trato a heridos y prisioneros de guerra, su obra predilecta. A tal punto que, por atender a su labor humanitaria, acabó descuidando sus negocios, quedando totalmente arruinado en 1.867, dimitiendo de la presidencia de la Cruz Roja.

En 1901, junto con (Fréderic Passi) Frédéric Passy, recibió el primer Premio Nóbel de la Paz.

| 11.- RÁFAGA | 5" |
|---|---|

**JOSÉ PABLO SANCHEZ**
Pues estamos ya casi acabando este primer programa de las Iglesias Evangélicas en Radio Nacional de España, pero antes de despedirnos, queremos hacer un rápido repaso de algunas de las noticias y eventos más sobresalientes del Mundo Protestante y que nos llegan a través de la Federación Protestante y los Consejos Evangélicos Autonómicos.

| 12.- AGENDA | 30" |
|---|---|

**ESPERANZA SUAREZ**
Hoy tenemos muy poco tiempo para esta agenda evangélica, por eso sólo queremos dar nuestra atención a una actividad.

En el Palacio de Congresos de Sevilla, los días del 6 al 9 de diciembre y con el lema ¡ES LA HORA! Tendrá lugar el **I CONGRESO EVANGÉLICO ANDALUZ.**

Dicho congreso estará presidido por Miguel Ángel Prado y entre algunos de los temas que se desarrollaran podemos mencionar " La implantación evangélica en Andalucía", "La realidad sociológica de las iglesias andaluzas", "La obra social evangélica en Andalucía", etc...

Se incluirán tiempos de alabanza y adoración, así como un concierto, también se podrán aprovechar los tiempos libres para visitar los stands de los distintos expositores. Aunque es un evento principalmente dirigido a los evangélicos andaluces, todos están invitados a participar. Aparte esta fecha en su agenda y aproveche esta gran oportunidad.

| 13.- DESPEDIDA | 30" |
|---|---|

**JOSE PABLO SANCHEZ**
Bien, pues tenemos que despedirnos. Muchas gracias por acompañarnos en este viaje por el Mundo Protestante. Esperamos que se hayan enriquecido con nosotros y descubierto nuevos horizontes.

Les esperamos la próxima semana que hablaremos sobre "El valor de un niño"

Gracias Esperanza (respuesta)

Adiós, y que la gracia de Cristo os acompañe.

14.- SINTONIA
Lole Montoya cantando: 3:04 "Yo soy el camino dijo..... yo soy el camino que va a Dios"

La Televisión

El poder de la TV como medio de comunicación es hoy indiscutible. Desde su invención se están haciendo estudios que demuestran su capacidad para la formación de valores y de hábitos de conducta. El impacto de la TV en la infancia ha sido una de las áreas más estudiadas, especialmente la forma en que la violencia y la publicidad afectan a su desarrollo. Resultado de dichos estudios ha sido el establecimiento de normas y leyes que progresivamente han ido regulando los contenidos de la programación televisiva. Sin lugar a dudas, dichas normas han mejorado la calidad de algunos programas, pero no han solucionado el problema. Los contenidos violentos, sexistas, inductores de comportamientos antisociales, siguen dominando la programación en base al criterio principal que determina estos contenidos: la audiencia. Aquello que atraiga audiencia saldrá en la pantalla. Dado que es más fácil seducir a la audiencia con contenidos antisociales, la mayor parte de la programación se nutre de ellos. Cuando la audiencia aumenta, la publicidad aumenta, y por lo tanto la financiación de la emisora. Al final, la mayor fuerza que decide los contenidos es el mercado.

Los gobiernos intervienen en este proceso para regular y controlar el poder de la televisión, pero sobre todo para promocionarse. El poder de la televisión para crear opinión es un factor decisivo para ganar y mantener el poder político. Por esto las televisiones estatales luchan por conseguir altos niveles de audiencia al precio que sea. En países con gobiernos totalitarios se prohíben emisoras que no sean las estatales y hasta el uso de antenas parabólicas, pues no se quiere perder el control y la manipulación que dichos gobiernos ejercen sobre la población. Conflictos armados recientes demuestran también el poder de la televisión. Entre los primeros objetivos estratégicos a destruir del enemigo, están las emisoras de radio y televisión.

La influencia de la televisión es comprensible al comprobar las estadísticas. Un 79% de los españoles ve la televisión todos o casi todos los días, y de ellos el 70% pasa más de 2 horas frente al televisor, que es su principal fuente de información, llegando al 72% los que dan a las noticias "mucha o bastante" confianza[3]. Sin embargo, existen todavía muchos intelectuales críticos con este medio, a los que respondió Vicente Verdú de la siguiente forma: *A diferencia de otros medios de expresión, la televisión ha tenido muy mala prensa. La prensa ha temido a la televisión y siempre la observó con malestar y reticencia. Los medios escritos se sintieron amenazados por lo audiovisual y de ahí que los recién llegados fueran tildados de bárbaros... Hay mucha mística y no poca estupidez respecto al bien que procura la lectura y el mal que hace la televisión... Hay un palurdismo decimonónico, muy en manos de feos novelistas sobre todo, que sigue embobándose con el quehacer de la escritura y el tacto del libro. Gentes que hasta presumen, encima, de no ver la televisión casi nunca. Son, sin duda alguna, un grupo de vagos mentales o ignorantes funcionales. Escombros de una cultura que va dejando de mandar y donde ellos se juegan exasperadamente el dominio[4].*

---

3   (CIS, octubre-diciembre 2000, p.13)
4   El País, 17/11/2001

## El proceso transformador de la televisión

Es fácil descubrir el poder de la televisión cuando entendemos la forma en que actúa. Ver la televisión produce un efecto en el ser humano que puede dividirse en las siguientes fases:

**Inhibición.** La exposición a conductas antisociales elimina progresivamente el rechazo hasta crear tolerancia y considerarlas como "normales". Las conductas antisociales varían de unas culturas a otras, estando determinadas por la aprobación social (p.ej. poligamia, desnudez, vestimenta, religión, alcohol, etc)

**Modificación de valores:** La tolerancia hacia conductas antisociales va acompañada de una modificación sutil y progresiva de los valores morales. Lo bueno y lo malo queda modificado por lo tolerado y aceptado como "normal".

**Habituación:** La habituación es un proceso de "estímulo-respuesta" que lleva a la persona a poner en práctica las conductas toleradas. La exposición a imágenes de estas conductas produce un estímulo emocional y fisiológico que desaparece al habituarnos a ellas. El deseo de conseguir un mayor estímulo lleva a la búsqueda de imágenes más fuertes, y a la experimentación de dichas conductas.

**Modificación de la conducta:** La inhibición lleva a la habituación, y la habituación a la imitación, de modo que las imágenes llegan a modificar el estilo de vida de aquellos que no frenan este proceso.

Por supuesto, hay otros muchos factores que afectan a este proceso que aquí sólo se apunta esquemáticamente. La conducta humana es muy compleja y no sería correcto poner a la televisión como el factor determinante, no obstante, las fases de este proceso han sido demostradas en multitud de experimentos y hemos de tomarlas con seriedad. Así, por ejemplo, los medios de comunicación han jugado un papel clave en la superación de sentimientos racistas contra los negros en la sociedad norteamericana. El análisis de producciones audiovisuales a lo largo del siglo XX demuestran una evolución marcada por tres fases: marginación - invisibilidad - normalización. Un ejemplo de *marginación* es la famosa película "Lo que el viento se llevó", que presenta a los negros como mentirosos, ladrones, chachas y campesinos". En 1944 un estudio sobre 100 películas demostró que el 75% de las veces que aparecía un negro era bajo una concepción marginal y racista, el 13% neutral y el 12% a favor de su integración. Las fuertes reacciones y movilizaciones contra esta dinámica consiguieron que en los años 50 se pasara a la siguiente fase: *invisibilidad*. El Dr. Lawrence Plotkin demostró que en horarios de máxima audiencia en TV, los negros aparecían en la pantalla una vez cada dos horas y media y tan sólo por un instante. Programas presentados por negros fueron rechazados. El primer espacio de este tipo fue el "Show de Nat King" programado por la NBC, que tuvo que ser cancelado por falta de apoyo publicitario. Las grandes corporaciones retiraron sus anuncios durante su emisión. A partir de 1960 comienza el cambio hasta alcanzar la *normalización*. Hubo muchos factores que incidieron en este cambio: la presión de las organizaciones contra la discriminación, la movilización social antirracista de los sesenta, diversas acciones legales como la denuncia por racismo de la Iglesia de Cristo contra dos cadenas de radio en Missisipi y el surgimiento de nuevos talentos de raza negra entre otros. Las diversas iniciativas que los medios de comunicación adoptaron para luchar contra el racismo, consiguieron crear en la cultura norteamericana una nueva visión del negro, como una persona tan *capaz* como el blanco para desarrollar funciones de liderazgo o responsabilidad (jueces, senadores, abogados, médicos, etc.). Además, este cambio desarrolló una nueva *auto-imagen* en la propia comunidad negra y la *motivó* a buscar nuevas alternativas para su desarrollo, que llevaron a una mejora de su *auto-respeto.* [5]

También se han realizado experimentos con pornografía. Zillman y Bryant, en la Universidad de Indiana y Houston, seleccionaron a 60 personas y las dividieron en tres grupos. Durante mes y medio cada grupo fue expuesto a películas con diferente grado de imágenes pornográficas. Al terminar el proceso se les pasó una encuesta para evaluar su opinión sobre la moralidad de dichas películas. La opinión de aquellos que fueron expuestos a imágenes de pornografía dura, eran totalmente diferentes de los que fueron expuestos a imágenes con poco contenido erótico. Los primeros consideraban normal y correcto la exhibición de dichas películas en la TV, mientras que los demás no. Este fue el proceso que llevó a Ted Bundy a asesinar a 20 mujeres después de violarlas. Entrevistado por el psiquiatra James Dobson días antes de ser ejecutado contó su historia. Ted nació en una familia cristiana y creció en un hogar saludable. Su confesión antes de morir fue que llegó a asesinar al final de un proceso en su búsqueda de estímulos cada vez más fuertes, tras caer adicto a la pornografía. [6]

Debido a su capacidad transformadora de la sociedad, la televisión ha demostrado su eficacia en la demolición de estereotipos. La III Conferencia Mundial sobre racismo celebrada en agosto de 2001, según informaba el boletín de la World Assocciation for Chirstian Communication, concluyó pidiendo en su Declaración final a los medios de comunicación que "crearan sus propios códigos de conducta y regulaciones internas con el fin de terminar con el racismo, eliminando los estereotipos y representando la diversidad social con equidad y equilibrio"[7]. Declaraciones de este

---

5    Royal D. Colle (Mass Media: A Case Book, Thomas Y. Crowell Company, Inc., 1973, p.70

6    Hector Detrés Collado, *Televisión,*CLIE, Terrasa, 1995, p. 50

7    Action, octubre 2001

tipo son comunes debido a que los medios de comunicación pueden demoler los estereotipos. Tal vez el mayor problema que tenemos en España y otros países de tradición católica, a la hora de evangelizar es el temor de la audiencia ante cualquier manifestación religiosa que no sea la católica. Sólo cuando superemos esos temores y ganemos la confianza de la audiencia nos escucharán.

Por otro lado, la televisión ha demostrado su eficacia en la formación de valores. La publicidad actual basa toda su estrategia en asociar sus productos a valores que todo ser humano desea. Hoy las empresas no venden coches, refrescos o detergentes, venden libertad, felicidad y prestigio. Lo más impresionante es que lo consigan en tan solo 20 segundos, sobre todo cuando sabemos que es un artificio y un engaño. El Evangelio no necesita engañar para convencer de que trae paz y esperanza. Tan solo necesita buenos profesionales que sean capaces de utilizar los medios con la maestría adecuada de modo que la audiencia sea seducida y asimile el mensaje.

Además, la televisión ha demostrado su eficacia en la inducción de nuevos hábitos. Los empresarios de diseño y moda hacen inversiones de miles de millones en telas, colores y modelos que están seguros de que se venderán 6 meses después. La moda de primavera-verano se presenta en otoño y cuando llega la primavera, las grandes tiendas ya han llenado sus almacenes de los nuevos productos y colocado sus nuevas líneas en los mostradores. ¿Qué les garantiza que los nuevos colores y diseños serán aceptados? ¿Cómo saben que no perderán los miles de millones invertidos? La historia demuestra que las masas serán una vez más condicionadas por la publicidad y que se liquidarán todos los productos.

Este poder de la televisión puede usarse para bien o para mal. Los abusos que determinadas personas e iglesias hacen de la televisión, utilizándola como un medio para enriquecerse o para la promoción personal, ha llevado a algunos creyentes a opinar que no es correcto usarla para la predicación del Evangelio. Los escándalos de adulterio y prostitutas de los telepredicadores Jim Bakker y Jimmy Swaggart recorrieron el mundo en 1988 y todavía hoy siguen afectando la opinión popular sobre los evangélicos en televisión. Algunos han llegado a comparar los programas evangelísticos en emisoras seculares con "cantar himnos en un burdel." Pero para ser justos, hemos de reconocer que el "burdel" no sólo puede verse en televisión, también está en las revistas, los libros, el cine, Internet y los demás medios de comunicación, lo cual no impide que Dios esté usando estos medios para comunicar el Evangelio. Los medios son neutrales. Quienes los usan hacen de ellos instrumentos de justicia o de maldad, pero es cierto que el medio condiciona el mensaje. En palabras de Marshall McLuhan *"El medio es el mensaje"*, por lo tanto ha de entenderse la gramática de cada medio para usarlo con eficacia.

La persuasión que podemos ejercer en la proclamación del evangelio por televisión es limitada, como veremos más adelante. No obstante, figuras como las de Ned Flanders de la serie "Los Simpsons" están familiarizando a la audiencia con los evangélicos en la cultura norteamericana y fomentando un mayor respeto. La existencia de este personaje no es casualidad, sino fruto del trabajo del guionista cristiano Steve Tompkins [8]

## Limitaciones del medio televisivo

La televisión es un medio de comunicación con unas características propias que la diferencian de otros medios como la radio o la prensa escrita. Tal vez el elemento distintivo más importantes es que, mientras que la prensa depende de la lectura y la radio del sonido, la televisión depende de la vista. Podríamos afirmar que la televisión se ve, no se oye, dado que el sonido está

---

8    Christianity Today, Febrero 5, 2001

subordinado a la visualización. La audiencia responde al estímulo visual más que al auditivo en televisión. Por lo tanto, la comunicación debe basarse en la imagen. La calidad de la imagen, su color, originalidad, novedad y ritmo, determinan la atención de la audiencia y el impacto comunicativo. Es muy importante tener en cuenta que la televisión intenta comunicar en un entorno de competencia (alguien que llega a casa, amigos que hablan, niños que corren, etc.). Como ya mencionamos en el capítulo anterior, mientras que en la iglesia, el cine o el teatro la audiencia está *cautiva* en una sala, en silencio, de donde es difícil salir, la audiencia de televisión es *libre* y fácil de perder. Por lo tanto, la mayor arma (y puede que única) de la televisión para seducir a la audiencia es la imagen. Las historias se cuentan con imágenes. La televisión no se oye, se ve.

## Condiciones para el buen uso de la televisión

La televisión es un medio útil para comunicar nuestro mensaje siempre que se use respetando su lenguaje. Cada medio de comunicación tiene su propio lenguaje. Se puede clavar un clavo con un destornillador, será difícil y puede que doblemos el clavo y estropeemos el destornillador, sin embargo lo clavaríamos mejor con un martillo. Cada herramienta tiene un fin y unas características, al igual que cada medio de comunicación. La audiencia televisiva es muy diferente a la de una iglesia, pretender comunicar de la misma forma desde el púlpito que desde la pequeña pantalla es "clavar un clavo con un destornillador", por lo tanto, siempre que se use adecuadamente la televisión, puede ser muy eficaz en las dos primeras fases de la evangelización: *presencia y proclamación.* La *persuasión,* que es la última fase, queda en manos del encuentro personal, aunque Dios también ha utilizado en muchas ocasiones la propia televisión para culminar esta fase.

La evangelización es una tarea amplia y diversa de la iglesia. A veces clasificamos las actividades de la iglesia en adoración, edificación y evangelización, haciendo de estas partes compartimentos estancos sin ninguna conexión entre ellas. Tal división no aparece en la Biblia. La misión de la iglesia es la extensión del Reino de Dios y evangelizamos cuando adoramos, edificamos o predicamos la Palabra.[9] No debemos confundir evangelización con apologética, especialmente en nuestra sociedad postmoderna donde la argumentación suele verse con sospecha y provocar rechazo. Dentro de este marco amplio, en el que la iglesia vive y se desarrolla con un espíritu evangelístico llevando a cabo obras de amor al prójimo, la televisión como un medio más de su misión puede constituir un elemento esencial. La clave para la eficacia de la televisión será la conexión e integración en la iglesia local. La televisión es impersonal. La evangelización es personal. Un programa evangelístico en televisión necesita la cara y las manos de una persona cercana a la audiencia. Sólo en el contacto personal se puede culminar el proceso de la evangelización.

### Elementos de un buen programa de televisión

Un buen programa de televisión siempre comenzará con una buena idea que se traducirá en un buen guión. Hay mucho trabajo que realizar antes de tocar la cámara y comenzar a grabar. Una de las clases que tomé en el Master que realicé en Wheaton Graduate School (Wheaton, Illinois) fue "Dirección de Televisión". Para entonces ya había trabajado un año en Televisión Española, había pisado varios platós y grabado algunos programas, por lo que estaba familiarizado con el equipo técnico profesional de cámaras, edición, post-producción y demás. Mi primera impresión al llegar

---

9    1 Cor.14:24-25.

a Wheaton fue que su equipo estaba algo desfasado. Me sorprendió porque en Estados Unidos suelen ir por delante en tecnología. Cuando compartí mi decepción con el profesor me dijo señalando a la cámara "lo importante en televisión no es esto, sino esto" y puso su mano en mi cabeza. Sin lugar a dudas tenía mucha razón. Ahora, después de 20 años dirigiendo y produciendo programas de televisión en TVE, estoy convencido de que nuestra arma más poderosa para realizar buenos programas de televisión es nuestro cerebro.

Un buen programa ha de tener en cuenta que el tiempo de atención en televisión es muy diferente al de otros medios. Mientras que en la *lectura* está cerca a las cincuenta páginas para personas con formación universitaria, en *teatro* está entre los treinta o cuarenta minutos y en *cine* el tiempo de atención decae entre los diez o quince minutos, y esto sucede envueltos en un ambiente oscuro, silencioso y con imágenes inmensas proyectadas en pantalla gigante. En *televisión* la atención se reduce a tres minutos siempre y cuando el ritmo de imagen y el dinamismo de la acción sean óptimos. La publicidad es el recurso que mejor rentabiliza el lenguaje audiovisual y es capaz de contar una historia, conmovernos y convencernos en veinte segundos. Así que para aprender cómo utilizar bien el lenguaje audiovisual, analicemos la publicidad y adaptemos aquello que sea adaptable a nuestro programa.

Existen muchos formatos de programas en televisión que podríamos clasificar en informativos, divulgativos y entretenimiento. Dentro de informativos están los telediarios, documentales, emisiones en directo de sucesos, entrevistas, deportes, el tiempo etc. Los programas divulgativos pretenden formar a la audiencia, por esos sus contenidos tienen que ver con cultura y conocimiento; documentales, docudramas, reportajes y algunas entrevistas. El resto de formatos podrían encajar en entretenimiento, donde reina el magazine y el *realityshow*. En el magazine se solapan entrevistas, tertulias, música, humor, debates, reportajes y hasta noticias de última hora. Es uno de los formatos más baratos en televisión y que más audiencia genera. El *realityshow* o telerrealidad se basa en sucesos que acontecen a personas reales en un contexto provocado por el programa como una isla desierta, un piso compartido, un concurso de cocina, etc. El primer paso que debemos dar cuando queremos realizar un programa de televisión es definir su formato, pues hay multitud de aspectos de la producción que están relacionados con él. Dado que el objetivo de este manual es tan sólo introducirnos en el uso del medio, describo a continuación el proceso de producción del formato que más he trabajado en mi experiencia, el reportaje.

### Pasos a dar para la realización de un reportaje de video

Estos pasos son los básicos. Hay más pasos y requisitos que se deben añadir cuando hacemos producciones de mayor calidad. Cuanta más calidad queramos, mayor inversión exigirá de tiempo, recursos, material técnico y finanzas . Aquí sólo se plantean los pasos necesarios para la producción de reportajes que son también similares para la producción de otros programas como documentales y entrevistas.

**Definir el *target*.** Ya hemos hablado sobre este asunto en el capítulo anterior dedicado a la radio. Es vital definir a quién queremos alcanzar con nuestro programa. Una audiencia infantil es muy diferente a una adulta y, por supuesto, a la juvenil. Podemos hacer un programa, o una serie dedicada a la mujer o a los ancianos. La decisión que hagamos sobre nuestra audiencia determinará el contenido, ritmo de imagen, invitados, etc.

**Elección de un tema.** Cuando conocemos nuestra audiencia podemos investigar sobre sus intereses y necesidades. La mejor forma de conectar con la audiencia es tratar aquellos asuntos que les preocupan o interesan, darles información relevante y práctica que puedan aplicar a sus vidas. Existen multitud de fuentes que pueden ayudarnos en la selección del tema, desde las encuestas sociológicas que definen las inquietudes, hasta las noticias en prensa o incluso otros programas de televisión. El objetivo es identificar *necesidades sentidas* es decir, aquellas que nuestra audiencia reconoce como propias y partir de ellas para aportar soluciones y el mensaje del Evangelio.

**Investigación.** Una vez seleccionado el tema hay que investigarlo. Toda la documentación que podamos aportar sobre el asunto será beneficiosa a la hora de plantear preguntas o aportar datos de interés. Tal como ya hemos mencionado, Internet abre aquí un campo de información inagotable, pero hay que tener cuidado con las fuentes, no toda la información que aparece en Internet tiene el mismo valor ni es de confianza. Por lo tanto, debemos identificar que la fuente sea fidedigna y la información confiable antes de darle crédito. En este sentido, es de mucho valor la información que podemos recabar de las bibliotecas de grandes universidades, periódicos de prestigio y blogueros reconocidos. La investigación también debe poner al descubierto aquellos frentes que aún están oscuros de nuestro tema, los desafíos y retos de futuro. Una meta sencilla para recabar los datos que necesitamos es intentar responder a las cinco preguntas básicas del tema: qué, quién, cuándo, dónde, cómo.

El comunicador cristiano debe también investigar en la Biblia el tema a tratar. Si nuestro objetivo es compartir el mensaje de Jesús y aplicar los principios bíblicos a la vida cotidiana, debemos esforzarnos en buscar las enseñanzas más relevantes y que mejor respondan a nuestro asunto. Doy por sentado que el comunicador cristiano posee ya un fundamento sólido en la Palabra de Dios y que esta investigación es principalmente un proceso de reflexión y de identificación de las conexiones entre la Biblia y el tema, dado que si el comunicador no tiene este fundamento, debería invertir urgentemente en adquirirlo. Existen multitud de seminarios online y presenciales que facilitan hoy la formación bíblica como nunca.

**Sinopsis.** Si no somos capaces de resumir en una sola frase el contenido de nuestro programa, no estamos preparados para grabarlo. La sinopsis resume el tema a tratar, la dirección y objetivos que vamos a marcarnos en el programa. Es el fundamento del guión y nos ayuda también a marcar los límites de nuestro trabajo. Cualquier asunto que tratemos tiene multitud de enfoques y ramificaciones. Dado que el tiempo en televisión es limitado y breve, debemos hacer un esfuerzo por elegir el enfoque y los puntos concretos que tocaremos y expresarlo en la sinopsis.

Dependiendo de la filosofía de trabajo, con la investigación realizada y la sinopsis ya se puede escribir el guión y definir las imágenes que necesitamos, para luego ir a grabarlas. Dado que en ocasiones no todo lo que planificamos se puede grabar, al final hay que rehacer el guión en base a las imágenes con las que contamos. Por eso, otros medios prefieren hacer el guión después de grabar y escribirlo en base a la realidad de las imágenes con las que disponemos. Este es el modelo que propongo aquí, dado que es más realista y fácil de aplicar. Por lo tanto propongo que se escriba el guión después de la grabación.

**Plan de rodaje.** En un reportaje intervienen expertos que hablan sobre el asunto, imágenes de recursos que nos ayudan a explicarlo, documentación histórica o literaria, lugares diversos donde se realizan actividades relacionadas con el tema. Todos estos elementos deben quedar claramente identificados en el plan de rodaje. También los recursos técnicos que necesitaremos como el número de cámaras, tipo de micros, trípodes, grúas, steadicam, iluminación, pantallas, etc. El plan de rodaje debe calcular también el tiempo necesario para realizar la grabación y los horarios que se realizarán. Dado que un programa de televisión se realiza en equipo, es bueno que todo el que participa conozca la previsión de tiempo planificada, así evitaremos complicaciones y podremos contar con todos los miembros del equipo todo el tiempo. Al final de este capítulo se incluye un ejemplo del plan de rodaje que usamos en Televisión Española para el programa *Buenas Noticias TV*.

**Presupuesto.** El plan de rodaje es clave para elaborar un presupuesto de la grabación y realización del programa. Hacer televisión de calidad es caro, por eso antes de ponernos a grabar debemos conocer nuestro presupuesto, dado que si no disponemos de los fondos necesarios tendremos que modificar el plan de rodaje y nuestras aspiraciones. También un presupuesto nos ayudará a conseguir los fondos que necesitamos. Hoy existen plataformas en Internet como www.indiegogo.com especializadas en *crowdfunding*, una modalidad para conseguir fondos que muchos autores están utilizando. Para participar hay que tener claro qué proyecto se presenta, quién participa y cómo involucrarse, preguntas que ya deberían tener una respuesta clara si se han seguido los pasos para la realización de un reportaje indicados hasta aquí.

**Grabación.** Si se han dado los pasos previos, ya estamos listos para grabar. Por fin podemos coger la cámara y el resto del equipo y salir a realizar el trabajo. Aunque es posible que algunos profesionales de la televisión esperen antes ver un *storyboard,* que no es otra cosa que un documento donde se han dibujado las diversas escenas que se están pensando grabar, algo así como un tebeo sencillo donde puede verse con claridad los tipos de planos y contenidos que están en la mente del director o productor. El *storyboard* es común en la grabación de películas, publicidad o drama, pero pocos lo usan para la realización de reportajes.

No olvidemos que un video es mitad imagen y mitad sonido, aunque el sonido esté subordinado a la imagen, todavía es vital para conseguir un video de calidad. La principal diferencia entre un video de calidad y otro que no la tiene es el trípode y el audio. Es imprescindible usar trípode y un micrófono diferente al de la cámara, cerca de la boca del entrevistado para grabar su voz. Los micrófonos de las cámaras sólo sirven como referencia sobre lo que está sucediendo y para el ambiente de una actividad, pero no tienen calidad para la voz del entrevistado, lo ideal es conseguir un micro para una pértiga o uno de corbata. Una cámara profesional siempre dispondrá de entrada para un micrófono exterior. También se puede grabar el audio con un micrófono de corbata en una grabadora externa y acoplar el sonido en la edición del video. En cuanto al trípode, el encuadre de la imagen y la iluminación, incluimos un anexo al final de este capítulo, pero lo ideal sería buscar alguna academia o escuela para formarse, dado que para conseguir imágenes de calidad hace falta una formación adecuada.

**Visionado.** Una vez que tenemos todo grabado: entrevistas, imágenes para recursos con las que se cubrirán voces en off, documentación, actividades, etc., hay que transcribirlo a texto. Este es uno de los pasos más tediosos del proceso de producción de un video, pero es imposible escribir un guión completo sin conocer el detalle de las manifestaciones de los expertos ni las imágenes de recursos con que contamos. Visionamos cada una de las entrevistas y escribimos lo que dicen con su código de tiempo, es decir, el minuto y segundo exacto que la cámara ha asignado a cada momento de la grabación. Igual hacemos con las imágenes de actividades y recursos, hasta completar un listado de todo lo grabado con su asignación de tiempo. Lo ideal para un reportaje es un baremo de 6/1, es decir, por cada minuto incorporado en el video final se han grabado 6, por lo tanto, para un video de 10 minutos hay que grabar una hora. Cuanto mayor es este baremo más posibilidades existen de mejorar la calidad, pero también aumenta mucho el trabajo y tiempo de visionado. Así funciona la televisión profesional y de ahí que sea necesario tanto personal.

Por ejemplo, el programa *Pueblo de Dios* de TVE dura 30 minutos cada semana. Para producirlo hay un equipo de 7 personas que trabajan en exclusividad, apoyados por 3 más en la producción.

**Redacción del guión.** Una vez que hemos realizado el visionado estamos listos para escribir el guión. Como ya advertimos en el paso de *investigación* algunas escuelas audiovisuales prefieren escribirlo antes de la grabación. Sea cuando sea el momento en que lo escribamos, el guión se debe construir partiendo de las imágenes que disponemos, hay que dar al texto un tratamiento visual. No podemos hablar de nubes si no disponemos de imágenes de nubes, ni de agua o pájaros sin las imágenes correspondientes. De ahí la importancia de visionar y conocer en detalle las imágenes grabadas. Hay un truco muy común que consiste en comenzar una narración en base a imágenes de las que disponemos, aunque no sea lo principal de lo que pretendemos comunicar en esa parte de la narración, pero que nos sirven de excusa "visual" para conectar audio y video. Si tengo que hablar de peces pero solo tengo imágenes de agua, comenzaré hablando del agua y mostraré imágenes de agua mientras mencione también a los peces. Es un truco viejo del que no se puede abusar. Lo ideal es grabar suficiente y tener las imágenes que necesitamos para que haya sintonía entre audio y video sin necesidad de trucos, porque al final, como dijo un experto, "la tele no se oye, se ve", las imágenes predominan sobre el sonido.

En uno de los talleres que tomé en el Instituto de Radio Televisión Española sobre escritura de guión documental, el profesor Manuel Artero insistió en la importancia del "solomillo" para la realización de un reportaje. Por "solomillo" se refería a la mejor imagen grabada, el momento más emotivo, lo más sorprendente e intrigante que tengamos. Ese debe ser el punto de partida de nuestro reportaje. No debemos olvidar que el tiempo de atención de la audiencia televisiva es muy breve y en los primeros segundos deciden si verán nuestro programa o cambiarán de canal. Hay que enganchar a la audiencia en los primeros segundos.

La estructura clásica del guión que ya definieron los griegos, sigue siendo útil para la creación de reportajes. Esta estructura consta de tres partes: *conflicto-crisis-resolución*. Un buen guión comenzará con un *conflicto*, un problema, un peligro o una necesidad, que despierte el interés de la audiencia. Me atrevería a decir que sin conflicto no hay historia, no hay guión, no hay nada que contar. El *conflicto* y el *solomillo* o "gancho" van de la mano para cautivar la atención y debemos intentar unirlos siempre que sea posible por medio de una *introducción*. La *crisis* es la acción que se desarrolla a raíz del conflicto. Explica con detalles la naturaleza del conflicto y demuestra con imágenes su relevancia para la audiencia. Es aquí donde intervienen los testigos visuales, los afectados o agentes del asunto, también participan los expertos que aportan datos estadísticos, pero hay que tener cuidado de no aburrir a la audiencia con datos y procurar incluirlos al final de esta parte, una vez que el espectador ya esté seducido. El desarrollo de la *crisis* debe apuntar hacia un *clímax* que exprese la máxima gravedad del *conflicto* y a partir de entonces ofrecer soluciones. En la *resolución* se muestran las diversas soluciones que se están aportando al *conflicto* o que se podrían aportar. Estas tres partes van hiladas con una narración, un texto creativo que une unas manifestaciones con otras, les da continuidad y dirige el proceso desde el conflicto hasta la *resolución*. Completando todo el proceso la estructura del guión quedaría así:

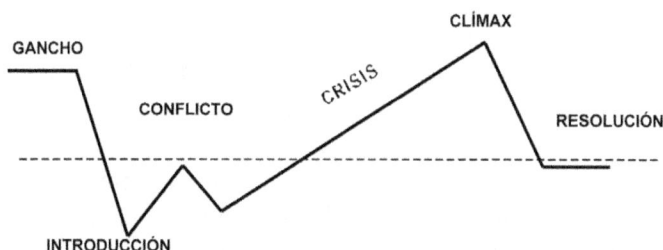

GANCHO
CLÍMAX
CONFLICTO
CRISIS
RESOLUCIÓN
INTRODUCCIÓN

Para el comunicador cristiano la *resolución* es el momento ideal para incluir una visión bíblica del problema, pero más que con mensajes, hacen falta testimonios de personas que han experimentado la solución del problema en sus vidas. No olvidemos que la televisión no es el púlpito de la iglesia, es como otra *persona* que está en el salón de la casa compartiendo su opinión. La credibilidad en televisión se comparte mejor con las vidas y experiencias de cristianos que con sermones. Por supuesto que también se pueden y deben incluir enseñanzas directas de la Biblia, pero en formato entrevista o diálogo.

En cuanto al formato de escritura del guión se puede hacer con dos columnas o con una. El formato de dos columnas dedica una a la imagen y otra al sonido, de modo que se pueda ver con claridad las imágenes que el guionista tenía en mente al escribir la narración o los insertos que cubrirán los diálogos de los participantes. El guión de una sola columna se usa más para videos dramáticos y películas, pero también puede usarse para reportajes. Al final de este capítulo se incluyen ejemplos de un formato y otro.

**Locución.** La narración que hemos creado al escribir el guión hay que grabarla. Podemos hacerlo en este punto o después de la edición para ajustarla mejor a la imagen. Es conveniente que el locutor tenga buena voz y dicción, que sepa leer bien y entonar correctamente. Ya hemos comentado que un buen reportaje es mitad video y mitad audio, de modo que la locución juega un papel muy importante. La tendencia en informativos de televisión en los últimos años es que el reportero realice todo el trabajo. Una vez grabadas las imágenes el reportero escribe el guión, hace la locución él mismo y edita la noticia. Programas de software como el iNews de Avid están creados para este fin. Con este método la producción aumenta pero la calidad baja, y en especial de la locución, dado que no todos los reporteros entonan bien ni tienen buena voz. Es decir, que hoy la noticia prima por encima de la calidad, por lo que, no es imprescindible para hacer un reportaje de calidad que la locución sea perfecta. No obstante, los grandes documentales y los mejores reportajes siguen buscando un buen locutor para la narración.

**Edición video.** La necesidad de equipos para la producción audiovisual se hace cada vez más evidente según avanzamos en el proceso. La edición de video es una carrera que necesita varios años para cursarse. Todo se puede aprender y una persona puede llegar a ser capaz de hacer muchos de estos pasos, pero el potencial de un equipo con áreas de especialización nunca puede ser alcanzado por una sola persona. De modo que hay que crear equipos y definir áreas de trabajo para cada miembro si queremos conseguir calidad audiovisual. Hay muchos programas de software para la edición de videos. Los más famosos son Avid, Finalcut y Premier, pero para editar un reportaje de calidad sencillo cualquier otro software nos puede servir. Como ya dijimos, lo importante no es la máquina, sino la persona y el trabajo intelectual previo a la grabación y edición. Tampoco hacen falta muchos efectos visuales para conseguir un buen video. De hecho, los efectos deben usarse con racionalidad y con un sentido, no sólo para que parezca novedoso o espectacular. Un efecto sin sentido y fuera de lugar, distrae la atención y desvía del contenido y el mensaje de nuestro video.

La edición será mucho más eficaz si el guión está completo, los tiempos de los *totales* (se usa este término para las participaciones exactas de las personas que hemos grabado con un código de tiempo definido de principio y fin), de las imágenes de los recursos gráficos, de la música, etc., claramente definidos. Cuanto más completo esté el guión, menos tiempo usaremos en la edición y mejor saldrá.

Durante el proceso de edición debemos ir también corrigiendo el color e igualándolo. En realidad, este es un proceso lo suficientemente complejo como para darle un apartado como una de las fases más de la producción, aunque para un reportaje sencillo podemos realizarlo sobre la marcha en la edición. Cuando usamos imágenes de diferentes cámaras o fuentes, los colores no siempre coinciden. El editor debe estar alerta sobre estos cambios de color y corregir cada plano. También es posible que el director del reportaje quiera darle a todo el video un carácter específico como blanco y negro, saturación de color o cualquier otro efecto, que es posible por medio de la corrección de color.

**Sonorización.** En este paso introducimos en el video, música, ambientes y efectos de audio. Es muy importante que la música que usemos no tenga derechos de autor o paguemos los derechos. Aunque hay países donde a este asunto no se le da importancia, cada vez será más difícil subir un video a Internet si lleva música con derechos de autor, por ejemplo YouTube es cada vez más estricto y elimina los videos que no demuestren tener los derechos de las músicas que llevan. Para solucionar este asunto existen programas que crean bandas sonoras libres de derechos o hay músicas disponibles en Internet.

Los ambientes son también muy importantes en la sonorización. Siempre que sea posible, es conveniente respetar el audio de las imágenes porque dan credibilidad y vitalidad al reportaje. Por ejemplo, un plano de una manifestación con gente gritando en la calle con pancartas sin escuchar nada, pierde toda su fuerza, o una fuente sin el sonido del agua o las olas del mar. La sonorización es un arte que exige una gran dedicación.

**Máster.** El volcado del video editado a un formato final es comúnmente definido como la creación del *máster*. Existen multitud de formatos. Dependiendo del medio donde se emitirá el video, debemos elegir. Lo más fácil es preguntar a la emisora o entidad donde se proyectará el video qué formato necesita y dárselo en dicho formato. En los últimos años ha habido una revolución en este campo. Hoy lo más fácil es grabar el máster en un archivo de video en el disco duro del ordenador y pasarlo a la emisora por Internet.

# Guión video Entrenamiento "Mi Esperanza"

| PERSONAJES | LOCALIZACIONES |
|---|---|
| Dos presentadores, chico y chica. | Exteriores / casas |
| Familia 1<br>José Manuel.................. Alberto<br>Mili........................... Raquel<br>Chica 18............. Estefany y Alba<br>Chico 16............. De Lago, 2 mas<br>Pequeño<br>Abuela Pilar | Casa #1 /exteriores |
| Familia 2<br>Eliezer............................ Zeque + ¿<br>Virginia................. Elisabeth + ¿ | Casa #2 / exteriores |

**Planteamiento básico:** los presentadores explican los 5 pasos a seguir por los MATEOS en el plan de Mi Esperanza: Mira a tu alrededor, Amistad, Tiempo de oración, Encuentro en tu casa, Orientación. Las familias y sus invitados protagonizan escenas que ilustran el texto de los presentadores.

PG: Plano general, PM: Plano medio, PP: primer plano, PD: Plano detalle

| Imagen | sonido |
|---|---|
| **Intro** | |
| SEC intro.A EXT DÍA. Gente caminando, tráfico, scalextrics… nos vamos acercando al suelo y a planos menos generales hasta ver a Chico y Chica caminando por la ciudad. | Ambiente y música intro. Rótulos "Mi Esperanza: España". |
| SEC intro.B EXT DÍA. Chico y Chica caminan por una calle atestada de gente (tele, PP). Hablan a cámara mientras caminan entre la gente, cruzan calles... | **ÉL:** "Quedan pocos días… Estás preparado? **ELLA:** Estás preparada?... Mi Esperanza va a ser… **ÉL:** Reveladora! Emocionante **ELLA:** Sorprendente! **ÉL:** Toda una experiencia! |
| Alguna transición. Logo "Mi Esperanza" | Música |
| SEC intro.C EXT DÍA. Chico y Chica pasean al pie de un edificio de cristal (trávelin?). Lo hacen frente a edificios en los que se "proyectan" (posproducción) imágenes que ilustran el texto.<br><br>*Grabar planos fijos del edificio por si sirven para posproducción. | **ÉL:** La Asociación Evangelística Billy Graham ha llevado a cabo la campaña Mi Esperanza en más de 50 países por todo el mundo. Estas a punto de vivir una experiencia muy grande! **ELLA:** Compartir tu fe con tus vecinos o compañeros de trabajo… Que sepan quién eres y en qué crees. ESO es Mi Esperanza.<br>**EL:** Más de 15 mil familias van a participar por toda España. **ELLA:** El mismo día, a la misma hora, todos compartirán el evangelio en sus casas.<br>**EL:** La cita: la emisión de un documental en televisión. Una producción española con la participación de muchos miembros de nuestras iglesias.<br>**ELLA:** Una oportunidad para salir del "anonimato" y dar a conocer el mensaje de Cristo. Tres noches consecutivas! **EL:** Se pone interesante, eh…? |

## 1: Mira a tu alrededor

| | |
|---|---|
| SEC 1.A POSPROD<br>Presentación familias:<br>Animación con fotografías: "La familia Martín y la familia Pons en… Los Mateos" | Música: unos segundos en PP y luego OFF:<br><br>EL: Mi Esperanza es un proyecto de familia. En el hogar. Como hiciera el discípulo Mateo, la familia Pérez y la familia Martín se prepara para hablar de Jesús en sus casas. Veamos como se coordinan en 5 sencillos pasos… |
| SEC 1.B EXT DÍA PP MATEOS observando imágenes cotidianas a su alrededor: oficina, parque, parada de autobús, universidad, pista de *paddle*, frutería… entre la gente, los MATEOS. | Música + OFF:<br>ELLA: Lo primero es lo primero: Mira a tu alrededor! A diario te relacionas con tanta gente que no sabe nada de Dios!<br>EL: en la oficina, en el supermercado, en la facultad…<br>ELLA: incluso en tu propia familia!<br>EL: Así que debes elegir a qué personas invitarías a casa para hablarles de tu fe.<br>ELLA: la emisión del documental en televisión es una oportunidad genial para fijar la fecha de nuestra cita y crear un entorno más cómodo para nuestros invitados, llámalo "excusa"! |
| RÓTULO: MIRA A TU ALREDEDOR | Música |

## 2: Amistad

| | |
|---|---|
| SEC 2.A EXT DÍA Los presentadores caminan por urbanización y al final del texto se separan (LOC. URB.1) | ÉL: Así que al principio se trata de que reforcemos nuestra amistad con estas personas, que nos acerquemos a ellos.<br>ELLA: A veces un pequeño gesto de interés es suficiente para que las personas se abran un poco y compartan sus inquietudes, sus problemas… |
| SEC 2.B EXT DÍA Los MATEOS dejan de pensárselo y se acercan a los futuros INVITADOS y charlan con ellos (Cont.1B) | ÉL (OFF): se trata de hacerlo de forma natural, sin forzar la situación. Seguro que lo has pensado alguna vez y no lo has hecho. Vamos, dile algo!<br>ELLA (OFF): Acércate a estas personas, muestra tu interés por ellos! Si son importantes para ti, ellos han de saberlo también! |

| | |
|---|---|
| RECUERDA: XXXXXXXXXXXXXXXX | Música* |
| SEC 2.C EXT DÍA CASA1<br>SEC 2.C EXT DÍA CASA2 Al fondo, la familia llega y entra en casa – uno andando, varios en coche, otro en patín... | |
| SEC 2.D INT DÍA CASA1<br>SEC 2.D INT DÍA CASA2 Las familias en casa 1 y casa 2, se sientan alrededor de la mesa y empiezan a apuntar nombres en la lista (catálogo oficial) Vemos que se apunta "Día1, Día2, Día3" y nombres... | ELLA (OFF): al llegar a casa, puesta en común: con quién habéis hablado, con quien os falta hablar...<br>EL (OFF): Muy importante: apuntamos los nombres en una lista, nos será de mucha utilidad! Ayudará a organizarnos, confirmar su asistencia, orar por ellos... |
| RÓTULO: RECUERDA: puedes llevar tu copia de la lista en la Biblia para orar por ellos.<br>SEC 2.E EXT DÍA CASA 1<br>Fam1 pone las listas en la puerta de la nevera y vemos cómo van apareciendo más y más nombres, números de teléfono, tachones... | Música<br><br>ELLA (OFF): recuerda que serán 3 días consecutivos, así que distribúyelos bien para no encontrarte un día con la casa abarrotada... y al día siguiente vacía!<br><br>(Música) |
| SEC 2.F EXT DÍA Presentadores frente a sus casas (pantalla partida) EL tiene un ipad en la mano y ella un iphone. Van añadiendo nombres a su lista. | EL: Cómo lo llevas?<br>ELLA: Llevo 13 invitados<br>EL: pero te lo han confirmado?<br>ELLA:mmmm<br>EL: a mi me han confirmado 8! |
| SEC 2.G EXT DÍA Mateos con sus Invitados demostrando su amistad en situaciones diferentes a las que ya hemos visto... | OFF:<br>ELLA: En los próximos días debemos poner todo nuestro esfuerzo en dar muestras de atención a nuestros invitados.<br>EL: seguro que a diario hablas con personas sobre política, trabajo, vacaciones... Ha llegado la hora de que toquemos |

| | temas algo más… espirituales. |
|---|---|
| | **ELLA:** …bueno, o quizá compartir con ellos más tiempo, escucharles… |
| | **EL:** si, claro, cada persona es un mundo! |
| | **ELLA:** Así que, busca la mejor manera de conocer un poco más a tus invitados. Cuando se acerque la fecha y cuando veas "el momento" invítale a tu casa el día de la emisión de Mi Esperanza. |
| | **EL:** aquí hay que ser bien claros. Sería un error que se sintieran engañados o en una encerrona. Nosotros no somos así. |
| RÓTULO: AMISTAD | Música |

## 3: Tiempo de oración

| | |
|---|---|
| SEC 3.A EXT DÍA Los presentadores caminan por urbanización (LOC. URB.2). | **ELLA:** Y como todo lo que nos proponemos en la vida, el siguiente paso es la Oración. |
| | **EL:** Algo cotidiano, pero que no debemos olvidar. Poner Mi Esperanza en manos de Dios es algo que debemos hacer todos los días! |
| SEC 3.B EXT DÍA CASA1 SEC 3.B EXT DÍA CASA2 PG casa 1 y casa 2. Familia 1 y 2 en actitud de oración. Muchos tienen la lista de invitados en la mano | **ELLA (OFF):** Oremos para que el Señor mueva los corazones de las personas de nuestra lista para que acepten nuestra invitación. Lleva la lista siempre contigo y reserva un momento del día para orar por Mi Esperanza. |
| RÓTULO: TIEMPO DE ORACIÓN | Música |

## 4: Encuentro en tu casa I: preparativos

| | |
|---|---|
| SEC 4.A EXT DÍA Chico y chica por la urbanización (LOC. URB.2 CONT.) | Música |
| | **ELLA:** Qué me pongo? Qué les sirvo? Voy a la peluquería? Lo cierto es que lo mejor para una buena impresión es ser uno mismo.<br>**EL:** Sin dejadez, pero sin exagerar.<br>**ELLA:** Se trata de crear un ambiente agradable, cómodo. Y para eso cuidaremos todos los detalles! |
| SEC 4.B INT DÍA CASA 1<br>SEC 4.B INT DÍA CASA 2<br>EL y ELLA entran en Casa1 y 2. Caminan entre los MATEOS que está cada uno con una cosa: uno se peina en el baño, otro prepara comida en la cocina, otros recolocan un poco el salón, otro sintoniza la tele en su canal y su volumen... | **EL:** Seguro que más de una vez has tenido amigos en casa. Tratemos de hacer lo posible por ser agradables, respetuosos y dar una buena imagen... pero una imagen real.<br>**ELLA:** es interesante que cuando citemos a la gente, vengan media horita antes del programa, así podemos tener una charla informal al principio y explicarles lo que vamos a ver... seamos breves...<br>**EL:** en el documental escucharemos los testimonios de miembros de nuestras iglesias, música y predicaciones históricas de Billy Graham, así que es interesante que ayudemos a crear un ambiente "de cine" durante la emisión. El silencio, es importante!<br><br>Música |

## 4. Encuentro en tu casa II: recepción de los invitados

| | |
|---|---|
| SEC 4.C INT DÍA CASA1<br>SEC 4.C INT DÍA CASA2<br>Los MATEOS Casa1 y Casa2 abren la puerta a sus INVITADOS | Música |
| Saludos, besos, abrazos...<br>De conversación informal – unos en la cocina, otros en el salón, los niños por todas partes... | **EL (OFF):** Por fin ha llegado el día. Va a ser un fin de semana intenso en casa, pero el esfuerzo merece la pena. Cuando recibas a tus invitados, podéis pasar un rato agradable |

| | e informal antes de que empiece el programa. Eso sí, 5 minutos antes conviene que hagamos una breve introducción. |
|---|---|
| RÓTULO: RECUERDA: Si tu casa es muy pequeña y no encuentras una solución, habla con tu pastor, alguna solución se os ocurrirá! | |

**SEC 4.D INT DÍA CASA1**
**SEC 4.D INT DÍA CASA2**

| Sentados en el sofá: los Mateos les explican lo que vamos a ver a continuación... <br> (Mateos acabando de acomodarse, trayendo una jarra más de agua...) | Discurso casi idéntico de los dos Mateos (hombre/mujer) "presentadores" para editarlo "cruzado": <br> **MATEO:** "Bueno, ya estamos todos... chicos (a los más jóvenes) sentaos por aquí, no os quedéis ahí detrás... Os hemos invitado esta tarde, como ya os explicamos, para ver el documental Mi Esperanza, que empezará enseguida. Como sabéis nosotros somos evangélicos y en este documental veréis a muchas personas hablando de su fe en Dios y también algunos fragmentos de predicaciones históricas del Dr. Billy Graham. En España nunca se ha hecho mucho eco de él pero para quien no le conozca, se trata de un reconocido evangelista de la época de Martin Luther King, este sí os tiene que sonar! <br> Nosotros no hemos visto el documental aún así que espero que nos guste a todos! <br> Ah, y gracias por venir, nos ha hecho mucha ilusión... |

**SEC 4.E INT DÍA CASA1**
**SEC 4.E INT DÍA CASA2**

| Comienza el programa en la tele... <br> PPs de los INVITADOS mirando la tele, planos de la tele... | Música |

**ROTULO: ENCUENTRO EN CASA**

**SEC 4.F INT DÍA CASA1**
**SEC 4.F INT DÍA CASA2**

| Imágenes tras la reunión: se apaga la tele y el | **EL (OFF):** Al acabar el documental y sin perder un momento, para que nadie se disperse, compartiremos un momento de oración con nuestros invitados. Habrá que plantearlo |

| | |
|---|---|
| "mateo presentador" se pone en pie para hablar… | respetuosamente pero con decisión! |
| Mateo ora y varios de los invitados le siguen. | **Testimonios entrelazados de los Mateos.**<br>**MATEOS:** Bueno, espero que os haya gustado el documental tanto como a mí y os agradecemos muchísimo el haber venido, para nosotros es una oportunidad especial de compartir aquello en que creemos.<br><br>TESTIMONIO PERSONAL: "Cuando yo tenía X años, me hablaron…… Cristo vino a mi vida y desde entonces me da paz y esperanza…. Es lo más importante de mi vida.<br><br>Si no os importa, me gustaría ahora orar por vosotros y pedirle a Dios que os bendiga:<br><br>*"Padre nuestro que estas en los cielos, gracias por cada uno de mis amigos que están aquí hoy. Bendíceles. Tu conoces sus necesidades y problemas. Ayuda a Pedro a encontrar trabajo y sana a María de esa enfermedad tan dura. Guarda a cada uno de ellos y prospérales.*<br><br>*Y ahora, si alguno quiere invitar a Jesús a su vida que repita conmigo: Dios… me doy cuenta de que mi vida no es como tú deseas… y te necesito en mi vida diaria… Te pido que me perdones por todos mis pecados…. Creo que Jesucristo, tu amado hijo, murió por mí en la cruz… fue sepultado… y resucitó para darme una vida llena de esperanza… Señor Jesús, te invito a entrar en mi vida hoy… Quiero seguirte… siendo un miembro activo de tu iglesia y obedecer tu Palabra… En el nombre de Jesucristo, amén".* |
| EXT. ATARDECER. Presentadora en el exterior de sus casa. | **ELLA:** Después de la oración, podemos obsequiar a todos nuestros invitados con un regalo por Navidad: qué mejor que una biblia?… Y para los que hayan aceptado a Cristo en su corazón tendremos preparado otro obsequio: el libro "Caminar con Cristo" (lo tiene en la mano) que les invitaremos a leer. |

| | Además debes estar preparado para comenzar un discipulado la semana siguiente a las emisiones con aquellos que deseen venir a tu casa a conocer mejor el mensaje de Jesús. |
|---|---|
| SEC 4.G INT DÍA CASA1 <br> SEC 4.G INT DÍA CASA2 <br> Invitados recibiendo el libro, abriendo una biblia (envuelta en papel de regalo), abrazándose, rellenando el formulario... <br> mágenes de invitados rellenando formularios... | MATEO: Bueno, el viernes de la próxima semana a las 8 de la tarde, estáis todos invitados a casa para una tertulia donde hablaremos de cómo caminar con Jesús. ¡Todos invitados! <br><br> ELLA (OFF): Y muy importante: no se nos puede olvidar rellenar el formulario de Mi Esperanza y pasarlos al pastor para tener sus datos de contacto... Es importante: el proyecto Mi Esperanza ha llegado hasta aquí, entre otras cosas, porque sabemos cuántos miles de personas han escuchado el mensaje de Dios, han sido invitados a dar un paso de fe e incluso han visitado nuestras iglesias y han entregado sus vidas a Cristo. |

## 5: Orientación

| | |
|---|---|
| SEC 5.A EXT NOC <br> EXT.NOCHE (Hora bruja/Magichour) <br> Frente a urbanización. Al fondo, casas con luces (LOC. URB.3) | Música <br> EL: Así que es importante cuidar de estas personas. Si bien la reunión y el documental es una fórmula perfecta de darnos a conocer, no olvidemos que para ellos puede ser tan solo el principio... y sobretodo, no te olvides de preparar una buena cena para celebrar con tus amigos la Navidad. No hay mejor forma de demostrar el cariño que con una buena comida. |
| SEC 5.B EXT DÍA <br> Imágenes de Orientación (diferentes escenarios exteriores) leyendo una Biblia, conversando... | ELLA: ...conocer nuestro ambiente, nuestras iglesias, nuestra forma de vivir la fe cristiana como nunca habían visto antes en este país! <br> EL: es terminar lo que hemos empezado! <br> ELLA: cuida de tus invitados, han de conocer a un Dios ahí arriba que se preocupa por ellos! Oriéntales! |
| SEC 5.A CONT. <br> EXT.NOCHE (Hora bruja/Magichour) <br> Frente a urbanización. Al fondo, casas con luces. | EL: Ahora ya conoces todos los pasos para participar en Mi Esperanza; te los recordamos?! |

| **6. Resumen: acróstico** (1min) | |
|---|---|
| Rótulos sobre imágenes video-clip | Música y OFF de Chico y Chica leyendo los títulos... |
| **M**ira a tu alrededor | OFF: una breve referencia de cada una de las fases (ver catálogo) los dos actores graban todo el texto en estudio |
| **A**mistad | |
| **T**iempo de Oración | |
| **E**ncuentro en tu casa | |
| **O**rientación de nuestros invitados | |
| Clip 2: cambio de música y resumen visual de todo lo visto anteriormente con un brevísimo OFF de cierre. | AÚN POR REDACTAR |
| LOGO Y COPY. | |

tve

Televisión Española, S.A.

# Buenas Noticias TV

**Programa n°:** 185
**Fecha emisión:** 2012/12/09
**Título:** Vida Nueva en Navarra
**Autor:** José Pablo Sánchez Núñez
**N° Cinta Emisión:**
**Sinopsis:** Desde hace varias años, muchas personas han sido rescatadas del mundo de la marginación, las adicciones y la miseria en el Centro Vida Nueva de Pamplona. La Iglesia Evangélica Bautista puso en marcha este centro para ofrecer una alternativa a aquellos que ya habían perdido toda esperanza. Aquí encontraron mucho más que la solución a sus problemas.

**CABECERA (Disco XDCAM: 393 A3 BG) - Sonido estéreo**

**BENI EN PIE, DELANTE DEL DECORADO (Cinta: _____)**

B.- Pamplona es conocida mundialmente por los San Fermines, pero hay muchas más razones para ir a esta preciosa ciudad navarra y hoy os vamos a dar algunas.

Hola amigos, muy bienvenidos a Buenas Noticias TV, gracias por acompañarnos. Desde hace varias años, muchas personas han sido rescatadas del mundo de la marginación, las adicciones y la miseria en el Centro Vida Nueva de Pamplona. La Iglesia Evangélica Bautista puso en marcha este centro para ofrecer una alternativa a aquellos que ya habían perdido toda esperanza. Aquí encontraron mucho más que la solución a sus problemas. Vamos a verlo.

**REPORTAJE**

Código de cinta: 700B7BG – 701 - 702

ALFONSO LIZARRAGA
35:31-35:46 mi ingreso en el centro fue provocado por un enganche a la heroína durante muchos años, casi 10 años y debido a mi mal estado tuve que buscar un centro donde poder acogerme y gracias a Dios vine aquí.

BEGOÑA BERNABÉU
35:48-36:19 yo también soy toxicómana, era toxicómana, aparentemente ése era mi problema, alcohol de heroína, cocaína, pastillas, muchísimo alcohol... aparentemente ése era mi problema pero realmente yo ya desde muy chiquitita, siempre había observado en mi carácter muchísimas carencias, cárceles, o sea, que algo no estaba bien. Todo fue a parar a un escape en la droga pero vaya, el problema era mucho más profundo que la droga.

(702) 43:00 PANORÁMICA PAMPLONA – 44:00 GENTE CALLE – 41:02 FACHADA PARROQUIA EVANGÉLICA –
**LOCUTOR 1**
**Alfonso y Begonia nos cuentan su historia. Como ellos, son muchos los que en un momento de sus vidas se encontraron con la marginación, el desamparo o el olvido. La Iglesia Evangélica de Pamplona descubrió que no eran eficaces en su respuesta a estas necesidades y decidieron dar un paso más.**

LUIS NASARRE – Pastor Evangélico y Director Centro Vida Nueva
28:50-29:26 Alquilamos un piso, qué ése fue el inicio en Burlada, un municipio al lado de Pamplona y en ese piso, fuimos con mi esposa, mis dos hijos pequeños y un servidor y en un mes teníamos ocho toxicómanos de primera fase de heroína viviendo con nosotros y realmente así empezó el de chicos. Y el de chicas, muy parecido, con otra persona, Marga, que es la responsable de chicas, y de la misma manera, la misma necesidad, sin ninguna preparación pero así empezamos.

(701) 15:16 PAISAJES ALREDEDOR – (702) 10:06 CENTRO DE LEJOS – 18:20 EDIFICIOS
**LOCUTOR 2**
**Desde aquellos inicios del Centro Vida Nueva en los años 80 hasta hoy, han pasado muchos años, marcados por la "Compasión" acogiendo a miles de personas, la "Gracia" de Dios expresada cada día y el "Gozo" de ver resultados tangibles, vidas restauradas. Así queda plasmado en los nombres de estos edificios que componen el Centro, donde se ofrece a todos una atención personalizada con el único objetivo de acoger y reinsertar socialmente a personas en riesgo o situación de exclusión social.**

**MARÍA GARZÓN** – Médico Centro Vida Nueva
41:20-42:24 el que una persona con problemática de consumo se le aísle en un centro, se le aísle del problema ya es un logro. Pero luego se le enmarca dentro de un entorno que tiene una normativa muy dirigida, muy protectora, muy saludable enfocada en principios muy buenos como es el respeto, como es la disciplina, como es el trabajo, como es la responsabilidad. Eso ya es terapéutico. Y luego el nivel desde adentro hacia afuera, creemos que hay realmente una intervención sobrenatural de Dios, que la persona que quiere voluntariamente puede acceder a este tipo de ayuda, que es la solución de los problemas internos del alma, donde la medicina no llega, donde no llega la educación tampoco, donde no llegan las normas de convivencia por muy buenas que sean.

**ESTELA MONTES** – Educadora Social y Responsable de las Chicas
01:07-01:20 Creo que es imprescindible que la rehabilitación llegue a todo lo que es nuestra vida, todo lo que forma parte de una vida, desde levantarte por la mañana hasta acostarte y aun el dormir, que sea rehabilitado todo.

**(701) 17:39 - ALFONSO Y BEGONIA ENTRANDO EN CENTRO (Cabalgar voz)**

ALFONSO LIZARRAGA
37:18-37:50 el ver a personas que sin ningún interés de ningún tipo, dejaban todo lo que tenían fuera para irse a vivir en una casa con personas como nosotros o sea, cambió mi corazón y lo que me hablaban. Porque yo, pues eso, había oído hablar de Dios toda mi vida, pero nunca había experimentado una relación con Él.

BEGOÑA BERNABÉU
38:45-39:10 fue como el puzle que encajó en mi cabeza, llamarle a lo que me ocurría por su nombre... Todo lo que me ocurría tenía un nombre por fin, no era que yo estaba loca o que yo era una drogadicta sin remedio sino que tenía nombre lo que me ocurría y había salida para mí. Todo eso en un ambiente de familia, de aprobación, de dignidad.

**(701) 18:17+ TALLER OCUPACIONAL**
**LOCUTOR 3**
**En la actualidad el Centro Vida Nueva atiende diversas problemáticas: Toxicomanías y alcoholismo, trastornos mentales, familias desestructuradas, indigencia, violencia de género y apoyo moral a presos en Centros Penitenciarios. El único requisito para el acceso es que se realice de forma voluntaria, quedando excluido todo condicionante económico, cultural o ideológico.**

REBECA VIEZMA – Trabajadora Social
36:36-37:23 Las personas vienen con mucho...muy liado todo el tema social, hay personas que vienen sin tarjeta sanitaria, hay personas que vienen con temas de juicio, sin dinero, lo que implica hacer trámites para bien pensiones, rentas básicas, hay personas que hay que tramitar una minusvalía o una incapacidad temporal, hay personas a las que hay que acompañar a juicios, hay personas...Vienen con problemas de todo tipo y papeleo de todo tipo. Entonces, lo que hacemos es coger todo eso y de alguna manera, ponerlo en orden e ir sacándolo como una parte más de su terapia y de ordenar su persona.

**(700) 00:16+ JUGANDO BALONCESTO**
**LOCUTOR 4**
**El programa del Centro se adapta a las necesidades individuales de cada problemática, pero siempre trabajando en la persona su área física, emocional y moral de forma que el individuo pueda mantener, a largo plazo, todos los recursos aprendidos en el Centro cuando llegue el momento de su inserción en la sociedad.**

JUAN CRUZ – Educador Social y Coordinador de los Chicos
07:40-08:32 tenemos al taller ocupacional, donde se realizan obras de adecuación al trabajo, donde se valora o se evalúa un poquito el desarrollo laboral por los hábitos que una persona a veces viene con tan escasa profesionalidad, intentamos ahí... También, por supuesto, pues hay las actividades de educación que es educación reglada con un equipo académico de profesores donde los muchachos o muchachas realizan unos estudios que están reglados y también está, cómo no, el deporte que realizamos, según aquí en Navarra el tiempo nos lo permite.

(702) 26:17+ CANTANDO EN LA IGLESIA (DEJAR 5" ANTES DE OFF)
**LOCUTOR 5**
**Esta Iglesia Evangélica sigue jugando un papel clave en el funcionamiento del Centro Vida Nueva. Son sus miembros los que han hecho posible la construcción de los edificios y quienes más invierten en el mantenimiento y buen funcionamiento del Centro, como voluntarios y colaboradores.**

LUIS NASARRE – Pastor Evangélico y Director Centro Vida Nueva
31:32-32:04 el texto lema para nosotros es Lucas 1:37 "porque nada hay imposible para Dios" es lo que le dijo el ángel a María cuando María dijo que era imposible que concibiese porque no estaba casada. Esto fue un reto desde el principio. Cuando venían las personas que no encontraban salida en aquellos años enfermos de VIH y así, para nosotros el reto era que si no era posible para Dios, no era posible para nadie. Y eso ha sido siempre nuestra guía, nuestro norte.

(702) 34:24+ PREDICACION EN LA IGLESIA (DEJAR 5" ANTES DE OFF)
**LOCUTOR 6**
**La pasión del pastor Felix Fontanet por ayudar a los necesitados, está en los orígenes de esta iglesia que sigue hoy buscando el mejor camino para aplicar las enseñanzas de la Palabra de Dios.**

MARÍA GARZÓN – Médico Centro Vida Nueva
45:40-46:05 ver cómo la Palabra de Dios puede de verdad cambiar el corazón, renovar la mente, dar sentido a la vida, restaurar a las personas desde dentro, hacer libre a la persona para escoger lo bueno; una persona que ya no vuelva a lo de antes aunque pueda volver a estar en el mismo ambiente que estaba antes. Y es un privilegio el poder compartir esto, esto es lo que nos motivó.

JUAN CRUZ – Educador Social y Coordinador de los Chicos
09:05-09:40 hay una posibilidad real de esperanza y de un comienzo nuevo, una vida nueva, que es nuestro título por excelencia, y un comienzo desde la realidad, desde empezar de cero, desde empezar sin un lastre de un pasado, de un perdón real de Dios y abrirse un campo hacia cualquier posibilidad sin llevar a cuestas lo que a veces nos pasa que es el pasado y eso es un privilegio que día a día lo vemos los que estamos trabajando con ellos

(700) ACTIVIDADES CENTRO, 13:05 EDUCACIÓN (¡CUIDADO NO SACAR CHICA DE COLOR, NO QUERÍA SALIR!), 9:58 LAVANDERÍA
**LOCUTOR 7**
**El fundamento, la motivación y los valores que inspiran el Centro Vida Nueva son cristianos, a ellos se une el trabajo de los profesionales, la colaboración con más de 120 empresas e instituciones y la aplicación de las regulaciones oficiales, para dar al Centro su reconocimiento de "utilidad pública" demostrada por el hecho de que el 94% de los casos reinsertados, se han mantenido sin recaídas en sus respectivas problemáticas en los últimos 5 años.**

FRANCISCO UNZUE – Usuario Centro Vida Nueva

25:23-26:11 Estuve cuatro años en el centro y bueno, entré en el centro en el año 91, o sea, me dieron el alta en el año 95 y bueno, me he casado, tengo una hija, trabajo en la construcción desde el año... Aun estando en la comunidad, hay un tiempo de reinserción donde todavía no vas a la calle de golpe, para amoldarte, para volver otra vez a la vida normal y entonces empecé a trabajar e iba a dormir al centro y empecé a trabajar en una empresa de construcción de la familia y bueno, ahora, pues eso, me casé hace unos años, tengo una hija preciosa de dos años y pico, y bueno, mi vida totalmente transformada.

ALFONSO LIZARRAGA – Usuario Centro Vida Nueva
44:25-44:38 Yo sin Jesús hoy estaría bajo tierra, enterrado. Si Jesús no me hubiese visitado, me hubiese dado su mano y me hubiese sacado del pozo en el que me encontraba, hoy estaría mucho más abajo y sin vida.

BEGOÑA BERNABÉU – Usuario Centro Vida Nueva
44:43-45:07 Yo sin Jesús estaría muerta o en un psiquiátrico... No hay otra opción, seguramente muerta porque fueron muchos años en aquella vida. Pero si no, en un psiquiátrico completamente enloquecida, desquiciada, amargada, herida, destruida y destruyendo porque además tenía una maldad profunda.

(701) 13:44+ ALFONSO Y BEGONIA PASEANDO
**LOCUTOR 8**
**Gracias a Dios, Alfonso y Begonia encontraron un refugio donde comenzar de nuevo y descubrieron que es cierto el lema de este Centro Vida Nueva: "No hay nada imposible para Dios".**

**ESTUDIO**

B.- Como hemos visto, el Centro Vida Nueva está llevando a cabo una labor maravillosa. Hola JP ¿Es posible que alguien supere completamente su pasado y sea una nueva persona?

JP.- Claro que sí. En este Centro hay mil historias que demuestran que sí es posible cambiar y hay millones más por todo el mundo que lo confirman. Pero es cierto que para aquellos que están sufriendo cualquier adicción y no han conseguido superarla por años, que han probado varios métodos y han fracasado, que han tomado pastillas y acudido a expertos sin conseguir ningún cambio, les puede parecer todo esto un cuento. Lo entiendo y lo siento si estás en esa situación, pero te digo una cosa: no tires la toalla sin dar una oportunidad a Jesús. ¡Cuidado! he dicho a "Jesús" no a la Iglesia, a los evangélicos, los católicos o cualquier otra religión. Dale una oportunidad a Jesús. En la Biblia encontramos una conversación muy interesante de Jesús con un teólogo llamado Nicodemo. Dice así:

Jua 3:4  Nicodemo (preguntó) le dijo: ¿Cómo puede un hombre nacer siendo viejo? ¿Puede acaso entrar por segunda vez en el vientre de su madre, y nacer?
Jua 3:5  Respondió Jesús: De cierto, de cierto te digo, que el que no naciere de agua y del Espíritu, no puede entrar en el reino de Dios.
Jua 3:6  Lo que es nacido de la carne, carne es; y lo que es nacido del Espíritu, espíritu es.
Jua 3:7  No te maravilles de que te dije: Os es necesario nacer de nuevo.
Jua 3:8  El viento sopla de donde quiere, y oyes su sonido; mas ni sabes de dónde viene, ni a dónde va; así es todo aquel que es nacido del Espíritu.

Si, Jesús puede crearte de nuevo, hacerte de nuevo, como un alfarero forma una nueva vasija. Somos creación de Dios. Aunque hayamos destruido nuestra vida convirtiéndola en basura, Jesús puede crearnos de nuevo, porque es Dios, el Creador. El rompe las cadenas, limpia la conciencia, libera de toda esclavitud y renueva el corazón con su Espíritu. Dale una oportunidad hoy y lo comprobarás.

B.- Terminamos ya, pero antes de despedirnos queremos dejar una nueva pregunta en nuestro Facebook: **¿Cuál es la historia de más impacto que conoces de alguien creado de nuevo?** Entra en Buenas Noticias TV y responde. Deja también tus comentarios.

Antes de despedirnos queremos animarte a leer la Biblia. Si aún no lo tienes, te regalamos este evangelio de San Juan. Llámanos ahora al 91 743 44 00 y te lo enviaremos gratis. Es un regalo que hacemos para promover la lectura. El número de teléfono es 91 743 44 00.

La próxima semana viajaremos hasta Alicante para conocer el comedor social que está alimentando cada día a cientos de personas sin recursos.

Gracias por vuestra atención y no lo olvides, tú vales mucho para Dios.

**tve** Televisión Española, S.A.

# Buenas Noticias TV

## PLAN DE DE RODAJE

**COMUNIDAD:** Evangélica
**FECHA SOLICITUD/ESCALETA:** Martes 13 de noviembre de 2012
**FECHA RODAJE:** 19-21 de noviembre de 2012
**HORA RODAJE:** Lunes 19: mañana, viaje – tarde, rodaje. Martes 20: mañana y tarde rodaje. Miércoles 21: mañana vuelta a Madrid.
**LUGARES RODAJE:** Navarra: ONG Centro Vida Nueva.
    Centro Chicos: C/Arzanegui 3, Ibero (Navarra)
    Centro Chicas: Camino del Molino, s/n, Ciriza (Navarra).
    Iglesia: C/ Virgen del Puy, 5 - Pamplona
**CITACION:** Lunes 19 de noviembre: 08:00 h. en Prado del Rey
**MOTIVO/OBJETO:** Grabación para un reportaje.

**ESCALETA PREVISTA (que facilite datos sobre necesidades y el propio trabajo: tipo de trabajo, personas que participen, características del lugar, gastos, etc...):**

1.- Tipo de trabajo:
Haremos un reportaje de la ONG evangélica Centro Vida Nueva que trabaja con marginados y drogadictos en Navarra. La actividad se realiza en tres localizaciones: Centro para chicos, Centro para chicas y las propias instalaciones de la iglesia en Panplona. Grabaremos diversas actividades de la ONG, entrevistaremos a los responsables y usuarios, también uno de los cultos en la iglesia.

2.- Personas que participan:
Luis Nasarre: Pastor y presidente de la ONG
Rebeca Viedma: Responsable
María Garzón: Servicio Médico
Joel Nasarre: Responsable Chicos
Stella Montes: Responsable Chicas
Usuarios: Paco Unzué, Alfonso y Begoña

3.- Características del lugar: Grabación en exteriores e interiores de acuerdo al desarrollo de las actividades.

4.- Características del horario: Lunes 19: mañana, viaje – tarde, rodaje. Martes 20: mañana y tarde rodaje. Miércoles 21: mañana vuelta a Madrid.

**¿NECESITARA DOCUMENTACIÓN PARA MONTAJE POSTERIOR?**

**FECHA RECEPCIÓN POR EQUIPO:** _____

Taller de video

En el capitulo anterior hemos visto que las fases para la producción de un video suelen ser: definir el *target,* elección del tema, investigación, sinopsis en una frase, plan de rodaje, presupuesto, grabación, visionado, redacción del guión, locución, edición del video, sonorización y volcado al master final. En este capítulo sólo vamos a tratar el séptimo punto: la grabación.

Hay cuatro elementos básicos que necesitamos tener en cuenta para la grabación de un buen video: cámara, trípode, micrófono y luz. Como ya hemos dicho reiteradamente con anterioridad, este manual es para pastores, líderes y personas no profesionales de los medios que desean involucrarse en la producción audiovisual, el objetivo es ayudarles a hacer un trabajo "decente", es decir, con calidad. Cuando tengan acceso a profesionales de los medios es mucho mejor contar con ellos. Pero si ellos tienen que producir los programas, al menos tendrán las herramientas básicas para que no hagan videos mediocres y de mala calidad.

Las *cámaras* han evolucionado maravillosamente en los últimos años y con un coste muy reducido se pueden conseguir cámaras no profesionales de gran calidad de imagen. Hace menos de una década para conseguir dicha calidad de video había que invertir miles de euros, algo que sólo estaba al alcance de las grandes corporaciones. Hoy es mucho más fácil tener una cámara con calidad de imagen superior.

El *trípode* es un elemento clave que diferencia una grabación amateur de una profesional. Desgraciadamente la mayoría de los aficionados olvidan el trípode y hacen producciones muy mediocres. Hay que ser muy buen profesional para grabar en vídeo sin trípode y que quede bien, de modo que la mejor forma de evitar errores es usarlo.

El *micrófono* ha de ser exterior y con capacidad de controlar la ganancia. Todas las cámaras llevan un micro interno pero el audio que dan no tiene calidad suficiente y en la mayoría de los casos no te permite controlar la ganancia, es decir, llevan ganancia automática y cuando el entrevistado se calla, el sonido de un pájaro, un coche que pasa o una guitarra suena con tanta fuerza que enturbia la voz. Además, la distancia entre la cámara y el entrevistado suele ser de un metro o más, con esa distancia ningún micro puede grabar la voz con buena presencia y calidad, por eso necesitamos grabar las entrevistas con un micro externo. Todas las cámaras profesionales tienen entrada específica para estos micros. Las cámaras de aficionados no suelen llevarla, pero igualmente se puede grabar la voz con un micro externo y mezclarlo en la edición. Hasta un buen *smartphone* puede servirnos a tal fin.

La *luz* es vital para conseguir imágenes atractivas y bellas. La iluminación es un gran arte en video y como el resto de los elemento exige una gran dedicación para controlarla bien. No obstante, hay un principio elemental que nos ayudará a conseguir imágenes correctas: la persona entrevistada tiene que estar más iluminada o igual que el resto del plano. Es sencillo, cuando grabamos en exteriores, si el invitado está en la sombra, el resto del plano debe estar en sombra; si el invitado está en el sol, el resto del plano puede estar en sol o sombra. Cuando grabamos en interiores, la luz que ilumina al invitado debe ser igual o superior al resto. La forma más fácil de conseguirlo es llevar un foco de video como mínimo. Por supuesto, quedaría mucho mejor si usamos dos focos, uno al frente y otro atrás para separar la silueta del invitado del fondo.

A la hora de grabar hay muchos tipos de planos que podemos hacer. Tradicionalmente se han clasificado en tres: corto, medio y general.

Plano corto

Plano medio

Plano general

Cada uno de estos planos tiene sus variantes. El plano corto puede ser más corto y extremo. El medio puede ser más amplio, hasta la rodilla, también llamado "americano". Y el general también puede ser más completo, pero todos los planos se basan en estos tres.

## El Encuadre de la imagen

Al grabar no sólo debemos fijarnos en el objeto que estamos grabando, sobre todo hay que fijarse en su entorno. La imagen seduce a la audiencia cuando transmite belleza, de modo que nuestro objetivo siempre será grabar imágenes de calidad. Se dice que una imagen para una entrevista está bien encuadrada cuando se tienen en cuenta los siguientes factores.

**Espacio de cabeza.** El espacio que hay entre la cabeza y el marco superior de la imagen debe ser mínimo. Es un espacio muerto que debe evitarse. Incluso en planos muy cortos, el pelo se corta dando prioridad al espacio de barbilla y enfatizando los ojos, que son el elemento más comunicativo de la cara. Este es el fallo más común de los aficionados, dejan un espacio de cabeza exagerado y sin sentido.

**Espacio de espalda.** El espacio que hay detrás del invitado es también espacio muerto. Solo distrae y debemos reducirlo pues no aporta nada al plano.

**Espacio de barbilla.** Esta es la zona donde se colocan los rótulos, de modo que debemos tenerlo en cuenta al grabar y dejar suficiente espacio para que el rótulo no tape la cara.

**Aire.** Denominamos aire al espacio que hay entre la mirada y el final lateral del plano hacia donde se dirige dicha mirada. Puede estar a la derecha o a la izquierda dependiendo de donde coloquemos la cámara y mire el invitado. El aire define la acción y provoca en la audiencia el deseo de conocer lo que está pasando en esa dirección. En un diálogo, la persona que está escuchando tendrá el aire cambiado. Así se construye el lenguaje visual en video, que comunica a la audiencia la acción sólo con imágenes, sin audio.

aire derecha- plano de acción

aire izquierda - plano de escucha

plano general

**Foco de atención.** El foco de atención en una imagen está en la zona que coincide con un tercio del plano. Si dividimos la imagen en tres partes iguales podemos identificar claramente este foco de atención. Es en ese punto donde debemos colocar al invitado o el objeto de mayor interés que deseemos resaltar. Por inercia los aficionados colocan en el centro del plano su punto de interés porque desconocen dónde la imagen ejerce su mayor atracción.

**Colocación de la cámara.** Cuando hacemos una entrevista lo normal es que la cámara esté a la altura de los ojos del invitado y quien haga las preguntas quede pegado a la cámara, con sus ojos también a la altura del objetivo de la cámara. De este modo el encuadre da al invitado su mejor enfoque. Es conveniente pedir al invitado que no mire a nadie más que al que le entrevista cuando habla, especialmente a las personas que pueden estar alrededor durante la grabación, pues las miradas a diversos puntos distraen a la audiencia.

**Enfoque.** Siempre que sea posible es importante hacer un enfoque manual. Todas las cámaras de video tienen enfoque automático, pero si nuestro invitado se mueve al hablar la cámara estará cambiando el enfoque constantemente y la imagen estará movida. También es muy común que si dejamos el aire a la derecha o izquierda, la cámara enfoque en el fondo en lugar de al invitado o esté todo el tiempo cambiando el enfoque entre el invitado y el fondo. Estos detalles a veces no son perceptibles en la pantallita de la cámara, pero si son muy evidentes cuando se proyecta el video final.

Si tenemos en cuenta todos estos consejos a la hora de hacer nuestros videos, veremos que el resultado en notablemente diferente a las producciones caseras. Así todos ganan, sobre todo la audiencia, que podrá disfrutar de un video de calidad, recibir su mensaje con claridad y reaccionar. Al principio puede parecer difícil seguir este proceso, pero una vez que lo hayamos hecho varias veces, nos daremos cuenta de que no es tan costoso y que merece la pena.

Internet

En los últimos años se han ido produciendo multitud de avances tecnológicos que han favorecido el desarrollo de los medios de comunicación. Estos avances se producen a tal velocidad, que seguramente este capítulo quedará obsoleto antes de que el libro sea impreso. Internet es la última gran revolución. Gracias a su tecnología es posible compaginar diversos medios de forma simultánea, de modo que podemos escuchar la radio, ver la televisión y leer el periódico o escribir un correo a la vez. Si es que alguien tiene capacidad de hacer tantas cosas bien al mismo tiempo. Por supuesto, nadie sacaría nada en claro con tanto medio bombardeando con sus mensajes a la vez, pero estas posibilidades demuestran su inmenso potencial. Además, Internet ha roto barreras de tiempo y espacio, haciendo que nuestro mundo pase de ser denominado como "aldea global" a simplemente el "hogar global". Ya no existen distancias para la comunicación, en cuestión de segundos un mensaje llega a las antípodas y recibimos la respuesta instantáneamente.

Internet ha diluido la distancia entre los emisores y receptores. Por años, las grandes cadenas y monopolios de la comunicación controlaban el acceso a los medios, de modo que era prácticamente imposible participar en el proceso comunicativo. Tan sólo era posible cuando el gran medio daba la oportunidad vía teléfono o carta. Hoy, los blogs hacen la competencia a las grandes cadenas y ciertas páginas web tienen más influencia que emisoras locales o nacionales de radio y televisión. Se acabó el monopolio informativo, aunque la guerra está en pleno apogeo y aún es difícil adivinar el futuro. Estamos en una era de transición como nunca antes en la historia de los medios de comunicación y todo apunta a que Internet será el rey, el canal principal donde confluirán todos los medios.

Por muchos años se ha hablado de un modelo de comunicación compuesto por cuatro elementos: emisor-mensaje-receptor-retroalimentación. En el pasado pocos emisores se preocupaban realmente por la retroalimentación porque no había muchas posibilidades de conseguirla con rapidez, se suponía que el mensaje llegaba a los receptores tal como se había emitido y que estos sólo podían aceptarlo o rechazarlo. Pero ahora el receptor cuando recibe un mensaje, también se pregunta ¿qué piensan mis amigos, mi familia, mis vecinos? Las redes sociales han cambiado el proceso de comunicación. Antes se decía que estos comentarios eran solo *ruido, interferencias* en la comunicación que había que evitar, pero ahora los receptores buscan este tipo de opiniones para decidir su reacción frente a un mensaje. Además del medio para comunicar el mensaje, hacen falta los comentarios de las redes sociales que motivan, confirman y complementan dicho mensaje para que llegue a la audiencia con eficacia. Todas las grandes corporaciones invierten en redes sociales para reforzar sus mensajes porque saben que sin su apoyo perderían la audiencia. Por lo tanto, el mensaje no se envía sólo a un receptor y por un solo medio, sino que se tienen en cuenta todos los receptores y todos los medios que influyen en el mensaje final que recibe el receptor. Las redes sociales se han vuelto imprescindibles para alcanzar eficacia en la comunicación.

Todos estos cambios están influyendo y cambiando los hábitos de los ciudadanos con acceso libre a Internet. Ya en el año

2000, cuando el uso a Internet era aún muy limitado, en EEUU el 16% de los adolescentes recurrían a Internet para buscar respuesta a sus inquietudes espirituales. El 12% de adultos usaban Internet con propósitos espirituales o religiosos, es decir, que un número cercano a los 25 millones de personas usaban Internet para satisfacer sus necesidades religiosas en Norteamerica. En 2004 casi dos tercios de los estadounidenses que accedían a la red utilizaban Internet por razones relacionadas con la fe. El 64% de los usuarios de Internet que realizaban actividades espirituales y religiosas representaban casi 82 millones de estadounidenses[10]. En 2011 los norteamericanos gastaron en conjunto 8.113.699 horas cada mes en páginas web de contenido religioso, aunque este dato parece inmenso es en realidad sólo un 0,1% del tiempo global dedicado a navegar.[11] No obstante, la tendencia se ha mantenido y sirve de referente para el resto del mundo occidental. En realidad, el fenómeno es similar a lo que ya sucedió en la prensa, radio y televisión. La audiencia con inquietudes espirituales busca satisfacerlas en todos los medios de comunicación. Por lo tanto, mirando hacia el futuro, esta tendencia seguirá creciendo y cada vez más personas usarán la red para buscar respuestas a sus necesidades espirituales. La diferencia es que Internet es accesible a todos. El mundo entero está al alcance de la mano del comunicador cristiano y prácticamente gratis.

### Criterios para construir una web

La primera decisión que hemos de tomar es el propósito de la web, entendiendo que la audiencia determina el contenido. ¿Será una web para evangelizar a los paganos o una para informar

---

10   http://www.pewinternet.org/Reports/2004/Faith-Online.aspx
11   https://blog.compete.com/2011/08/29/searching-for-god-on-the-web/

a los santos? Los dos propósitos son incompatibles. Si decidimos crear una web para alcanzar a los paganos, debemos prescindir de toda información institucional de la iglesia, dado que es muy difícil que una audiencia no creyente se encuentre cómoda en una web "de iglesia". Por lo tanto, si decidimos crear una web para evangelizar, todos los contenidos deben estar enfocados en este propósito. Un buen ejemplo es delirante.org o conectacondios. com. También sería bueno que nos preguntásemos si nuestro proyecto es realmente necesario, pues ya hay webs muy bien realizadas para evangelizar y puede que fuera mucho más eficaz apoyarlas que duplicarlas. Si por el contrario, enfocamos la web para la iglesia, podemos incluir algunos contenidos evangelísticos, pues siempre habrá personas investigando sobre nuestra fe e identidad a las que les pueden resultar provechosos estos contenidos. Un ejemplo es "www.e-decision.org". Es decir, ofreceremos contenidos evangelísticos en una web "de iglesia" pero sin pretender hacer algo mixto. Será mucho más eficaz una web independiente para cada propósito.

El lenguaje que usemos ha de ser breve y claro. Debemos entender que nuestra web es de alcance global, por lo que hemos de ser muy cuidadosos en el leguaje para que sea entendido en todo el mundo. Leer en la pantalla cansa, por lo tanto, una página no debería tener mucho texto. Si necesitamos desarrollar un tema, es preferible poner el primer párrafo con un link para quien desee seguir leyendo. También nuestra audiencia determina nuestro leguaje. En la página web www. unaoracionpor.es creada por Decisión, usamos el "usted" en lugar del "tu" aunque la web fue creada en España, porque nuestra audiencia principal estaba (y sigue allí) en Latinoamérica y Estados Unidos. En esta web informamos sobre las necesidades de la obra pionera y los pueblos sin testimonio en España, para alimentar el movimiento de oración creciente en el mundo hispano por la madre patria.

El diseño de la web es hoy más fácil que nunca. Lo mejor para aquellos que no son expertos en el software de edición de páginas web es usar programas con patrones ya establecidos, en los que sólo hay que rellenar los contenidos propios. Si optamos por esta posibilidad, Microsoft Office, por ejemplo, incluye el programa Publisher, donde se puede elegir una matriz básica para la creación de la web. El problema con estos patrones es que, al final, todas las webs se parecen, pero si no disponemos de fondos para un diseñador, es la mejor opción. Otra un poco más sofisticada, pero también sencilla y gratuita es usar el software de WordPress o Joomla que ofrecen todo tipo de recursos y herramientas para crear una web de apariencia profesional, sin grandes conocimientos en diseño y edición. No es automático, pero en unas pocas horas, cualquiera con conocimientos de ofimática puede llegar a dominar las herramientas para crear y publicar páginas web con este software. Por supuesto, existen en el mercado muchos otros programas para la edición de páginas web. También existen otras opciones, como usar blogs, Facebook, myspace o sitios similares para tu web.

Hay que usar tipografías comunes a todas las plataformas de software (Xp, Vista, Mac, Linus, etc.), porque de lo contrario el ordenador usará una fuente diferente a la original y cambiará el diseño de la web. Las fuentes comunes en todas las plataformas son principalmente Verdana, Arial y Times. La más común gracias a la facilidad de su lectura en pantalla es Verdana. Si no usamos una de estas fuentes podemos dar por seguro que la imagen que vemos en nuestra pantalla no tendrá nada que ver con la imagen que aparezca en la pantalla de otro ordenador que no tenga cargadas las fuentes que nosotros hemos usado.

Tened cuidado con los fondos y los gráficos que confunden y dificultan la lectura. Lo mejor es usar fondos claros y simples. Las letras blancas caladas sobre negro se leen peor en pantalla. En general, la norma básica es "cuanto más sencillo, mejor".

El contenido es lo que realmente importa en una web y lo más difícil de conseguir. Cuando uno comienza a pensar en la creación de una web, lo más importante es que se dedique a construir los contenidos de cada página. Esto puede llevar muchas horas de trabajo, pero no será en balde, por el contrario, será una gran ayuda disponer de los textos, las fotos, las músicas, mp3, videos y demás recursos que se necesitarán. En especial, los textos con los contenidos de cada sección, son el fundamento de una buena web. Muchas veces dedicamos horas a aspectos de diseño y maquetación, cuando en realidad lo más importante, el texto y el contenido, lo ignoramos.

La estructura de la web o el mapa, debe ser también definido desde el principio. A veces, en el proceso de recopilar y construir los contenidos, se van perfilando las diversas áreas, menús y carpetas que necesitamos. Una vez que tenemos una visión de conjunto de todos los contenidos, tenemos que trabajar su estructura, clasificando las carpetas por temas afines y decidiendo los menús.

El peso de cada página web es muy importante cuando se están creando. Hablamos de "peso" como la cantidad de bytes del conjunto de la página. El peso determina la velocidad de bajada y visionado de la web. Cuanto más peso, más lenta será la web y por lo tanto, más fácil será que la gente se canse de esperar y busque otra web. Normalmente la gente abandona una web si en 10 segundos no ha cargado. Lo ideal sería que la web cargue en menos de 1 segundo. Atención a las fotos y los fondos. La misma foto puede pesar 8Kb u 800Kb. Si reducimos los puntos por pulgada (ppp) y ajustamos el tamaño al real que veremos en la página, conseguiremos un buen peso en la web.

Una vez que tengamos nuestra web publicada en Internet, tendremos que alimentarla. Por extraño que parezca las buenas webs "comen mucho". Hace falta tiempo y recursos para cambiar los contenidos, mantenerlos al día, ofrecer nuevos recursos, quitar elementos antiguos pasados de fecha, etc. Solo cuando alimentamos la web, la mantenemos viva. Internet está lleno de páginas muertas. Por eso, antes de dedicar un gran esfuerzo a poner en marcha una web hazte la pregunta clave ¿Quién la alimentará? Hasta que no tengas una respuesta, no pongas manos a la obra, porque perderás mucho tiempo, a no ser que quieras crear una web muy simple y sencilla que sirva sólo como un "tablón de anuncios" para que la gente pueda localizarte en Internet, lo cual es mejor que nada. No olvidemos que el "pienso, luego existo" se ha convertido hoy en "estoy en Internet, luego existo". La mayoría de páginas hoy permiten ser alimentadas desde un panel de control o administrador por personal sin conocimientos técnicos en diseño o informática. Es decir, una vez creada la web, el mantenimiento y la alimentación puede realizarla cualquiera con unos mínimos conocimientos de ofimática.

### Otros medios de comunicación cibernéticos

Aunque la creación de una página web siempre puede ser una buena herramienta para la evangelización, el universo de Internet ofrece miles de otras posibilidades.

Los chats suponen una oportunidad abierta a todo el mundo para el diálogo. Hay que ser muy selectivo con el Chat elegido y todos no son útiles como plataformas para la evangelización. La única forma de conocerlos es probarlos, aunque puede que con tan sólo observar el desarrollo del mismo sea suficiente. Hay creyentes chateando con el único propósito de compartir su fe. Las reacciones son las mismas que cuando salimos a la calle a compartir el evangelio. Algunos rechazan, otros se burlan pero también están los que desean conocer y hablar. El paso siguiente con estas personas sería pasar al correo electrónico y posteriormente quedar para hablar cara a cara.

El Facebook puede ser también una buena herramienta para la evangelización. Dado que tus amigos, las personas agregadas a tu cuenta, son conocidas, muchas de ellas pueden estar abiertas a tus preguntas y comentarios sobre espiritualidad. Una buena forma de empezar es compartir tus propias inquietudes o tus experiencias con Cristo. La naturalidad, espontaneidad y sinceridad de la experiencia personal es el testimonio que puede atraer a tus amigos al Reino. De este modo, si tus amigos de Facebook no saben todavía que eres cristiano, algo estás haciendo mal.

Una presentación de PowerPoint o Prezi enviada por e-mail es también un método para compartir tus ideas. Muchas de las presentaciones que ya circulan en la red son de autoayuda, relajación, denuncia, etc. Algunas de ellas, solo necesitarían un versículo al final para aprovecharlas como mensaje evangelístico, pues el contenido es bueno, pero insuficiente. Otras pueden construirse personalmente. Utilizando una buena ilustración (de esas que recuerdas en los mensajes) con fotos bonitas y un texto bíblico, se puede llevar el Evangelio por todo el mundo. Además, tenemos la ventaja de usar el español, lo cual nos permite llegar a millones de personas.

Un link de una web o un video en YouTube son también una buena forma de compartir el amor de Dios. Dentro de YouTube o GodTube hay multitud de videos impactantes, que comunican con claridad, retan o provocan preguntas. No te limites sólo a verlos. ¡Compártelos!

E-coaching es una de las grandes necesidades hoy para todos los que comunican el evangelio por internet. ¿Cómo llevar a una persona que está buscando a Dios en Internet desde el lugar donde se encuentra hasta la iglesia? ¿Cómo apoyar y dirigir el proceso de búsqueda espiritual de los internautas hasta que lleguen a integrarse en el cuerpo de Cristo? Es un proceso que necesita sobre todo de un consejero capaz de mantener una relación personal por internet, con correos electrónicos o chat. En la medida que aumenta la evangelización por internet, crece el número de personas que se ponen en contacto con los creadores de las web evangelísticas y hacen falta más consejeros. El potencial de Internet es tan inmenso que nunca serán suficientes los consejeros, por lo tanto, cada iglesia debería ya estar preparando a estos evangelistas cibernéticos, para que no haya nadie abandonado a su suerte en la red buscando a Dios. Para este trabajo de seguimiento o follow-up existen ministerios especializados y hasta software especializado que puede ser de mucha ayuda, por ejemplo Jesus.net o globalmediaoutreach.com.

El mensaje y el medio en la Biblia

El mensaje y el duelo en la Biblia

Ya hemos visto que algunos teólogos han comparado predicar el Evangelio en la televisión con tocar himnos en el piano de un burdel. Aunque es cierto que muchos comunicadores usan la televisión como un medio para promover valores basura y todo tipo de inmoralidad, igual sucede con la literatura, internet y cualquier otro medio. Frente a un asunto tan importante como éste, debemos evaluar las opiniones de los expertos y teóricos de la comunicación a la luz de la enseñanza de la Palabra de Dios ¿Es correcto para Dios el uso de los medios de comunicación? ¿Si Jesús viniera hoy a nuestro mundo, usaría internet, radio, televisión, o teléfonos inteligentes, para comunicar su mensaje a la humanidad? Para responder a estas preguntas debemos examinar algunos de los diferentes medios de comunicación que Dios o su pueblo usaron a lo largo del periodo relatado en la Biblia, para ver la relación que tenían con los medios de comunicación utilizados en su época y cultura y, en base a ese análisis, llegar a conclusiones que puedan fundamentar nuestra respuesta.

Desde Moisés hasta el apóstol Juan pasaron más de mil años durante los cuales el texto bíblico se fue creando, desde el Génesis hasta el Apocalipsis. Muchos autores, más de cuarenta, de todas las profesiones y condiciones sociales, reyes, campesinos, filósofos, poetas, pescadores, estadistas, eruditos, médicos y negociantes, pertenecientes a diferentes culturas y situaciones, colaboraron en la composición del texto sagrado. Se escribió en tres continentes: Asia, África, y Europa. Los autores escribieron en lugares muy diferentes: mazmorras, palacios, desiertos, viajes, etc. En el estudio de este texto podemos percibir de cuántas maneras y formas Dios se dio a conocer a la humanidad, cuántos *medios* diferentes fueron usados para comunicar el mensaje divino.

## La voz como medio

La voz es un medio de comunicación primario. A lo largo de la historia se han desarrollado diversos *oficios* que utilizaban la palabra como herramienta profesional y como canal para la comunicación.

El *oficio profético* es patente en todo el texto sagrado. Por medio de los profetas Dios reveló su mensaje a la humanidad. El profeta de Dios tiene unas características especiales que le hacen destacar entre sus congéneres: absoluta fidelidad al Señor, confianza en un Dios soberano, proyección hacia una meta fija determinada por su llamamiento y amor a su pueblo. Nadie puede negar que Dios usó a los profetas como un medio de comunicación. Lo que sí se pone en tela de juicio es que el profetismo fuera algo exclusivo del pueblo hebreo. Cuando se analizan otras culturas paralelas a la hebrea encontramos algunas evidencias que señalan hacia esta realidad. Sin desmerecer la importancia de los profetas para el pueblo de Dios, dado que ella depende de la veracidad y la contribución de su mensaje, la cual está fuera de toda duda, podemos encontrar indicaciones de que tal oficio también se daba en otras culturas. El origen y la procedencia del profetismo, bajo una perspectiva global e histórica, resulta impenetrable. A veces pareciera como si la misma Biblia admitiera la existencia de profetas fuera de su propio marco. Así lo comenta

Angel González cuando afirma que "Había profetas en los países vecinos de Israel, al menos, utilizaban la palabra *nabi* con que designa Israel a sus propios profetas. Este término se aplica también sin preocupación en los libros de los Reyes a los profetas del dios Baal y de la diosa Asera. La figura de Balaán es otra evidencia.[12] Los hallazgos arqueológicos complementan esta visión del texto bíblico. En Egipto se descubrió un documento que han titulado "El viaje de Wen-Amon", donde aparece la figura de un profeta. En él, un tal Wen-Amon, oficial de un templo egipcio, cuenta cómo fue enviado a Biblos, para obtener madera para un barco de ceremonias. El rey de Biblos se negó a atenderle, pero un día mientras realizaba sus cultos a sus dioses, un joven quedó poseído por dios y dijo al rey que debería recibir al mensajero de Egipto. Inscripciones semejantes han sido encontradas en Siria, con los reyes Zakir de Hamat Asarhaddon y Assurbanipal (siglo VIII a.C.). En Mari, donde se encontraron cartas del 1700 a.C. se menciona a un hombre que se presenta ante el rey y dice haber tenido un mensaje de parte de dios para el rey. En cada carta son diferentes tipos de personas, un oficial, un sacerdote, un joven esclavo o la esposa de un ciudadano. También son diferentes los medios por los cuales los dioses comunican sus mensajes, pero el que aparece con mayor frecuencia es el de los sueños.[13] En Ebla también se han descubierto inscripciones que hacen referencia a personajes que cumplían un oficio profético.

Es cierto que el análisis detallado de los contenidos proféticos de estos profetas es muy diferente al de los de Israel, pero no sería justo negar el paralelo en cuanto al hecho en sí, aunque las evidencias arqueológicas sean pocas. Tanto la Biblia como la arqueología nos muestran la existencia de profetas desde tiempos

---

12  González, Angel. *Profetas Verdaderos, Profetas Falsos* (Salamanca: Ediciones Sígueme, 1976) p. 102

13  Ibid, p.105

muy remotos en las diferentes culturas del antiguo oriente. Pero lo importante no es este dato, sino el hecho de que el pueblo de Dios, o mejor dicho, Dios mismo, adoptara este *medio* para comunicar su mensaje. La certeza, la eficacia y el rigor de las profecías de los profetas de Israel son únicas, admirables, e incomparables; pero el medio en sí, el oficio profético, no. De modo que vemos cómo Dios usa en su comunicación un medio que era conocido fuera del pueblo de Dios y lo reorienta según sus propósitos.

Algo similar podemos comprobar con *el heraldo*. El Nuevo Testamento aplica a muy pocas personas el término *keruso* (heraldo). A Pablo se le denomina "heraldo, apóstol y maestro".[14] También a Noé se le llama "heraldo"[15], pero en general, puede decirse que el Nuevo Testamento rehúye usar este término, aunque tiene connotaciones muy cercanas a las de apóstol y evangelista. La razón es que la única persona que encaja plenamente dentro de este concepto es el heraldo por excelencia, Cristo, el incomparable. De todas formas, estudiar el oficio del heraldo es revelador para nuestra comprensión del ministerio apostólico y de evangelización, pues ese paralelismo se hace claro y evidente. El heraldo era conocido ya desde tiempos de Homero. Tenía un lugar en la corte. Cada príncipe poseía su heraldo y en algunos casos hasta varios con funciones tanto políticas como religiosas. Se exaltaba su inteligencia y sabiduría, aunque también podían llegar a realizar actividades como siervo, preparando o sirviendo comidas, mezclando vinos, limpiando caballos o preparando el baño para su señor. Pero no eran meros sirvientes o esclavos, tenían una relación de amistad con sus señores como compañeros y camaradas. Después de Homero el oficio continuó, pero sirviendo al Estado más que a los reyes. Algunos escritores los llamaban "ángeles,

---

14  1 Timoteo 1:11
15  2 Pedro 2:5

diáconos, ancianos"[16] pero esto sólo describe parte de su oficio. Existían diferentes tipos de heraldos de acuerdo a una función específica que giraba en torno a misterios, juegos, festivales o mercados. En el periodo histórico se le concedieron misiones diplomáticas, podían ser elegidos como jueces y recibían honores por sus servicios. Su estatus dependía de quien le mandase y de la naturaleza de su misión. Una condición fundamental para el heraldo era poseer una buena voz. Esta condición estaba directamente relacionada con su tarea. En la reunión de la asamblea debía imponer paz y orden en medio de las disputas, que en muchas ocasiones subían de tono y generaban un enorme escándalo. Tenía que ir al mercado y publicar las noticias oficiales y privadas. Además, se le exigían determinadas cualidades de carácter, por ejemplo, fidelidad. Un heraldo infiel que cambiara o distorsionara el mensaje encomendado perdería pronto su trabajo, dado que el heraldo no proclamaba sus propias ideas, sino las de aquel que le comisionaba. Por supuesto que tenía una posición especial en el terreno religioso. Se consideraba que estaba protegido por la deidad en sus viajes y dañar a un heraldo era calificado como atacar a un dios. En las reuniones de la asamblea o en las sesiones del concilio, el sacrificio y la oración eran ofrecidas por el heraldo. Por otro lado, los dioses también tenían sus heraldos, aunque más que ser heraldo de los dioses para los hombres, era de los hombres para los dioses. El filósofo Stoico fue un heraldo de este tipo. Su proclamación era considerada como sagrada. Se creía que la deidad le revelaba secretos que luego él debía anunciar, de modo que se aceptaba que los dioses hablaban por medio de él. Su enseñanza se aceptaba como revelación y su predicación como "palabra de dios".

Teniendo todos estos datos en mente, no es extraño que algunos hayan mencionado la relación aparente entre el heraldo y

---

16  Poil. Onom. IV, 94

el misionero cristiano primitivo. Es evidente que existe una gran similitud de funciones, pero la fuente del mensaje de cada uno es completamente diferente. El heraldo proclama sus deducciones sobre lo humano. El misionero cristiano predica la Palabra de Dios revelada.[17] Como ya hemos mencionado, la literatura neotestamentaria parece rehuir el uso del término heraldo pues considera el ministerio de evangelización y el oficio apostólico como algo diferente. No obstante, se puede comprobar el mismo principio que vimos en el oficio profético; la actividad que desempeñaron los apóstoles no es totalmente extraña en su época y cultura.

Dios no *inventó* un modelo nuevo de comunicación, ya había personas que proclamaban mensajes en las plazas y calles. El mundo helénico estaba acostumbrado a recibir los mensajes difundidos por este medio. Lo que sí hace el pueblo de Dios es reorientar y adaptar las funciones del heraldo para alcanzar sus objetivos, con el propósito de comunicar con relevancia la buena nueva del Evangelio.

El *oficio rabínico* encaja también en este planteamiento. Varias veces Jesús fue llamado *Rabí* y él lo aceptó: "vosotros me llamáis *Rabí* y Señor, y decís bien, porque lo soy."[18] ¿Qué verían en el ministerio de Jesús los judíos para denominarle así? Si observamos el oficio rabínico encontraremos algunas respuestas. El término era aplicado a un maestro. En el siglo II y I a.C. aparece por primera vez este oficio. El estudiante rabínico tenía que ganarse el ser admitido dentro del círculo de determinado maestro e iniciarse en el estudio de las Escrituras y la Tradición talmúdica en una relación de amistad. Si el maestro le aceptaba, el alumno podía entrar en la escuela y en el contacto diario con el rabino para aprender la Tora. El pupilo seguía a su maestro con obe-

---

17    Theological Dictionary of the New Testament (1976) S.v. keruso por Friedrich, pp. 683-718
18    Juan 13:13

diencia y respeto, expresado al llamarlo *rabí*, esto es, *mi amo* y también *mi maestro*.

El alumno estaba unido al maestro por toda la vida. Cuando pasaban los años de asociación con el maestro, si estaba bien familiarizado con la Tora y la Tradición, podría enseñar y ser llamado también *rabí*. Cuando Jesús fue llamado *rabí* por sus discípulos y otros, se evidenciaba que él mismo se conducía como un escriba judío en las sinagogas ante sus discípulos y los que escuchaban sus indicaciones y enseñanzas apoyadas por las Escrituras. Sus discípulos permanecían con él en la relación de un estudiante con su maestro y mostraban hacia él el respeto debido al llamarle *rabí*. Además, Jesús fue un maestro para la gente común. Era tratado por ellos con respeto y también llamado *rabí*. De todas formas, no se ha de olvidar que hay muchas cosas en Jesús que le diferencian de los rabís de su época, como su relación con los discípulos y sus mismas enseñanzas. Incluso la gente del pueblo pudo percibir estas diferencias.[19] De nuevo puede percibirse el principio ya comentado, y esta vez en la misma figura del Mesías. El oficio rabínico fue adaptado por Jesús, el modelo fue reorientado, el medio de comunicación fue usado. Los judíos conocían la figura del *rabí*, la tenían catalogada, estaban familiarizados con ella. El campo, por lo tanto, estaba preparado para ser usado en la comunicación de la verdad.

Los oficios de profeta, heraldo y rabí eran plataformas que podían ser usadas como puntos de apoyo para la comunicación en diferentes etapas históricas y culturas. El pueblo aceptaba dichos modelos, eran los que había. Si el mensaje divino hubiera sido comunicado con modelos totalmente extraños a las épocas y culturas en las cuales estos mensajes se dieron, muy probablemente hubieran sido rechazados, pues las personas, por lo general, son reacias a los cambios y en principio escépticas a lo novedoso.

---

19   Mateo 7:29

Era mucho más eficaz utilizar modelos comunicativos (medios) ya conocidos, cambiando sus contenidos, orientándolos y moldeándolos según unas nuevas perspectivas.

## El lugar como plataforma comunicativa

El mensaje de Dios también fue comunicado en diversidad de lugares. La consideración de éstos podrá ratificar y ampliar el principio destacado en el estudio del profeta, el heraldo y el rabí. La proclamación de Evangelio se efectuó en lugares frecuentemente usados para otras proclamaciones siguiendo una espléndida estrategia expansiva.

De la *sinagoga* no se conoce bien su origen, se cree que fue el resultado de la falta del Templo para las prácticas religiosas hebreas. En ellas, los israelitas leían, estudiaban las Escrituras y oraban. Fue el resultado de un pueblo que necesitaba unirse en comunidad para dar culto a su Dios. En ella los judíos realizaban sus estudios, aunque al parecer, los niños más pequeños comenzaban el aprendizaje en casa de los maestros, leyendo pequeñas porciones de las Escrituras. Cuando estaban listos para leer los textos más extensos, pasaban a estudiar en la sinagoga. Era una institución laica, ni los jefes ni su presidente eran sacerdotes o fariseos necesariamente. La lectura y la exposición no era prerrogativa de ningún partido religioso. En cuanto a lo ideológico, la sinagoga fue un centro de propaganda monoteísta, difundiendo las ideas del Antiguo Testamento. Bastantes personas fueron atraídas por ella, lo cual creó un grupo que resultó ser campo fértil para la posterior evangelización. Michael Green dice lo siguiente al respecto: "la magnífica oportunidad que el sistema de las sinagogas proveía a los evangelistas, indudablemente fue uno de los factores más importantes en la primitiva extensión de la fe cristiana."[20] Sí, los primeros evangelistas supieron encajar la institución de la sinagoga en su estrategia expansiva. Es cierto que aquel lugar era usado para la instrucción cultural y religiosa y que muchos de los contenidos que allí se comunicaban eran erróneos, legalistas e incluso contrarios a las enseñanzas cristianas. Sin embargo era un medio idóneo para comunicar contenidos verdaderos, los judíos aceptaban este medio y estaban familiarizados con él. Al ser un lugar de instrucción, se asociaba con el aprendizaje, esto es, con la comunicación de contenidos nuevos, no conocidos para los instruidos. Por ello, el mensaje cristiano podía ser expuesto sin trabas, y no era hasta después de la exposición que venía la polémica.

El *areópago* es otro de esos lugares que encontramos en la Biblia usado como plataforma para la comunicación. Muchos comentarios se han escrito acerca del pasaje de los Hechos de los Apóstoles, en el que se comenta la llegada del misionero Pablo de Tarso a Atenas y principalmente su discurso en el areópago.[21] Por lo tanto, no vamos a abundar mucho más en el tema, pero sí vamos a considerar qué era este lugar y cuáles eran sus funciones y características. Esto es lo que para nuestro propósito interesa, descubrir el significado del areópago como medio de comunicación. Con este nombre se denominaba un lugar alto y rocoso, situado en Atenas, al norte de la Acrópolis y separado de ella por un pequeño arroyo. Además, era el nombre de la corte suprema que, en tiempos antiguos, se reunía allí. Esta corte, al principio, ejercitaba control sobre todas las materias que tenían que ver con la ciudad, por ejemplo, los robos. Posteriormente bajo la constitución ateniense la corte perdió muchos de sus poderes. En el siglo I d.C. ejercía una censura general en materia de religión

---

20   Green Michael, *Evangelización en la Iglesia Primitiva*, vol. V (Buenos Aires: Ed. Certeza, 1979) p.170
21   Hechos 17

y educación. Aunque la corte probablemente se reunía en lo alto de la colina, en aquel tiempo los problemas judiciales eran oídos en la *Stoa Basileios,* en el rincón noroeste del Ágora. Este edificio estaba en relación con los deberes del *Arconte Balileios*, quien era responsable en temas de religión. En otros lugares se escuchaban temas de otro tipo.[22] Según el libro de Los Hechos, Pablo fue llevado a la corte del areópago. Se presupone que la corte estaba ejerciendo sus funciones de censura en cuanto a la vida comunitaria de la ciudad. Parece que el procedimiento se realizó más por una escucha que por un juicio. Pablo, un maestro extranjero, fue examinado para determinar si se le debería permitir circular libremente por la ciudad anunciando su mensaje. Es probable que el lugar fuera la *Stoa Basileios* ya que hay referencia a una gran multitud de gente[23] que no podía haberse reunido en la cima de la colina. Pablo expuso su mensaje en un lugar dedicado a exponer mensajes. No tuvo ningún reparo en hablar la verdad donde otros hablaban la mentira, en comunicar el Evangelio donde otros comunicaban filosofías que apartaban a la gente del Dios verdadero. ¿Por qué iba a tenerlo? El se sentía deudor a todos los pueblos de comunicar la buena noticia de que Cristo había resucitado y usaba todos los medios que le fueran posibles para saldar esa deuda. Lo que sí le importaba era el *contenido* de sus mensajes, y no tanto la forma o el lugar donde estos fueran difundidos. Luego se repite el principio que ya se desprendió en el análisis de la sinagoga y su uso por los primeros cristianos.

Billy Graham tenía muy clara esta idea. En multitud de ocasiones fue invitado a hablar en programas de televisión aparentemente pocos recomendables para un predicador. Así, por ejemplo, todavía puede verse en YouTube la entrevista que le realizó el

---

22   *The Zondervan Pictorial Encyclopedia of the Bible* (1975) s.v. "Areopago" por A. Rupprecht. Pp.298-299

23   Hechos 17:19,22,33)

cómico y director de cine Woody Allen. A pesar de su sarcasmo y cinismo, Billy Graham fue capaz de retar a la audiencia a buscar a Dios. Su planteamiento era llegar a todo el mundo y era consciente de que determinadas audiencias sólo podría alcanzarlas desde estas plataformas. En la misma dirección encajan las palabras del famoso jugador de cricket convertido en misionero a la China, Charles T. Studd (1869-1931) "algunos prefieren vivir al lado del sonar de la campana de la iglesia, yo preferiría vivir trabajando en una tienda de rescate de almas a un metro del infierno".

Así también los primeros evangelistas predicaron *al aire libre* algo que sucedía también para la comunicación de otros tipos de mensajes. Esta práctica era común durante mucho tiempo en Israel y en otros lugares. La comunicación en patios, campo abierto, las orillas de los ríos y los mercados, era conocida y aceptada como algo frecuente y común. Cuando un predicador famoso *darshan* venía a una ciudad o aldea "todos los judíos se reunían alrededor de él, le improvisaban una plataforma y escuchaban su enseñanza".[24] Algunas sinagogas hasta llegaron a promover giras de enseñanza y predicación para talentosos intérpretes de la Tora. Luego, no había nada particularmente novedoso en el trabajo al aire libre de los misioneros cristianos. Sencillamente utilizaron un medio conocido en su tiempo al que los receptores del mensaje estaban acostumbrados y que, por lo tanto, no generaba rechazo. Eso sí, lo llenaron de un contenido totalmente nuevo de verdad y esperanza.

Las *casas* se utilizaron como lugar de encuentro y proclamación porque tanto en la cultura romana como en la israelita el hogar tenía una larga tradición. El hogar hebreo era toda una institución que incluía, además de los cónyuges e hijos, los sirvientes y extranjeros que estuvieran con ellos. Al igual que en el mundo greco-romano, el cabeza de familia, la autoridad indiscutible, era

---

24   Green Michael, op. cit., p.175

el padre. Tenían un concepto de familia mucho más amplio que el actual. En ella incluían a los esclavos, los libertos y los *amici*, los amigos de confianza. Los cristianos eran conscientes del valor que se le daba al hogar y deliberadamente se propusieron ganar a cualquier familia posible. Muchas veces expusieron su mensaje en la casa donde se habían reunido amigos e interesados del padre de familia, como fue el caso del centurión romano Cornelio.[25] Sabían que la atmósfera del hogar ayudaría mucho a la recepción del mensaje. En este caso no está claro que otros ya hubieran usado las casas como plataforma de comunicación, más bien parece parte de una estrategia nacida con el cristianismo. Pero esto no va en contra de los principios que se han expuesto anteriormente, y que se han repetido en cada uno de los apartados. Es una evidencia que apoya la ideología que hay detrás de estos principios: usar todos los medios posibles para la comunicación del mensaje divino a la humanidad. No importa cómo otros usaran estos medios, lo fundamental era que fueran aceptados como medios válidos de comunicación por los receptores. En la actualidad, cuando nuestra sociedad egoísta e individualista cierra las puertas de sus casas a todo lo que le sea ajeno, la radio, la televisión e internet pueden ser medios válidos para comunicar el Evangelio en el marco íntimo del hogar.

## La escritura como medio

La *palabra escrita* ha sido a lo largo de la historia el medio clave para la comunicación del mensaje. Gracias a la escritura hoy podemos tener en nuestras manos el texto sagrado. A lo largo de los tiempos, el pueblo de Dios ha entendido como su responsabilidad dejar un registro escrito de la revelación divina y Dios en su

---

25   Hechos 10

providencia ha permitido que ese registro haya sido transmitido y conservado hasta nuestros días. La Palabra de Dios ha sido y todavía sigue siendo hoy comunicada por medio de la escritura. Pudiera parecer innecesario hacer algún comentario al respecto, pues el hecho es tan evidente que la misma Biblia se denomina "La Escritura" pero es necesario hacerlo porque la escritura es un medio de cuyo uso puede desprenderse el principio que hasta ahora ha marcado nuestro análisis, que Dios usa medios ya existentes en la sociedad. El estudio del idioma hebreo, arameo y koiné, los tres que aparecen en la Biblia, es importante para nuestro propósito.

El *hebreo* es un idioma semítico y comparte sus interesantes características con otros idiomas de la familia semítica, en especial con los idiomas semíticos del área noroccidental que incluyen los territorios de Siria e Israel. Allí se desarrollaron los idiomas arameo y cananita con sus diferentes dialectos como el eblaita, fenicio, ugarítico y moabita. Entre ellos se encuentra el hebreo. En cuanto al origen, se suele ver a los hebreos que conquistaron Canaán bajo Josué como tribus nómadas del desierto que hablaban un arameo antiguo, probablemente con mucha afinidad al idioma de Canaán. Después de la conquista las tribus asimilaron gradualmente la cultura y civilización cananita con lo cual también adoptaron su idioma.[26] En el primer libro de la Biblia[27] tenemos la primera referencia al hebreo hablado. Allí Jacob se refiere a una piedra utilizando el término hebreo, mientras que Labán usa el arameo. Moisés pudo ser de los primeros que escribieron hebreo[28] y existen evidencias arqueológicas de que el hebreo ya se usaba en el siglo XI a.C, como la inscripción de *'Izbet Salkah*.[29]

---

26  *The International Standard Bible Encyclopedia* (1979) s.v. "Hebrew" por L. MacFall, p.658

27  Génesis 31:47

28  Exodo 17:14

29  Ibid.

Dice Justo L. Gonzalez que la escritura es "un método de comunicación entre personas que no pueden hablarse directamente, por estar separadas por el espacio o el tiempo"[30]. Hay evidencias de que su origen se remonta al año 3000 a.C. y de que su uso era corriente en las culturas prominentes del antiguo Próximo Oriente. El pueblo hebreo usó este medio para comunicar al mundo la relevancia de Yahveh. Cuando el primer escritor bíblico redactó el Pentateuco, ya hacía más de 1500 años que existía la escritura, la aceptó y usó como un medio válido de comunicación, aunque lo llenara de contenidos totalmente veraces y en muchos casos extraños a los de otras escrituras.

También en *arameo* están escritos varios pasajes de la Biblia[31] ¿Por qué? Si nos fijamos en los libros que contienen mayores porciones en este idioma y los colocamos en su contexto histórico, tendremos la respuesta. Daniel y Esdras están escritos en una situación histórica donde la lengua conocida por el pueblo era el arameo. Si se quería que este pueblo fuera receptor de su mensaje, habría que comunicárselo de forma que lo entendieran y esto es precisamente lo que hacen. El arameo toma su nombre de la gente de Aram. Esta gente extraña, cuyo origen es desconocido, probablemente ocupó una situación en la historia por un gran periodo de tiempo como ninguna otra, aunque nunca desarrollaron un imperio o un gran reino. Crearon una lengua que llegó a ser el medio de comunicación internacional en los días de los asirios, babilónicos y persas. Decayó solamente en el periodo helenístico. Parece ser que tomaron prestado el alfabeto de los fenicios y que lo traspasaron a la mayoría del mundo literario, aunque el alfabeto en sí era muy pobre. El griego está entre esos

---

30  *Diccionario Ilustrado de la Biblia* ( 1974) s.v. "Escritura" por Justo L. Gonzalez, p.203

31  Esdras 4:8-6:18; Daniel 2:4-7:28; Jeremías 10:11 (una frase) y Génesis 31:47 (dos palabras)

idiomas que tomaron prestado algunas letras de su alfabeto del arameo.[32] Llegó a ser la lengua comercial del imperio Asirio y los documentos de compra-venta y de valor legal eran copiados en arameo por escribas. Se considera que la edad de oro del arameo fue durante el imperio Persa (538-330 a.C.) Abundan las inscripciones arameas en las piedras y la cerámica de este periodo. Muchos expertos afirman que el arameo fue la lengua hablada por Jesús y los apóstoles, pues según la tradición rabínica su uso se hizo común tras el exilio y se convirtió en la lengua del pueblo, como atestiguan algunos manuscritos de Qumrán y el Tárgum Palestino del Pentateuco. Otros, sin embargo, mantienen la tesis de que el hebreo permanecía vivo en tiempos de Jesús, como se ha podido constatar también con los Rollos del Mar Muerto y que esta fue la lengua que habló Jesús. El asunto no está claro, no se puede afirmar categóricamente cuál era el idioma hablado por Jesús. Pero lo que sí se desprende de las dos posiciones presentadas es que Jesús habló el lenguaje del pueblo, ya fuera el arameo o el hebreo. Este es el punto sobresaliente a resaltar, pues Jesús usó el medio más eficaz para hablar a la humanidad de la misericordia y la justicia de Dios. Jesús podría haber sido un integrista que potenciara el uso del hebreo, si es que estaba en desuso en su época, el lenguaje "sagrado" nacido con el pueblo de Dios, la lengua de Moisés y los profetas. Pero Jesús estaba más preocupado en que la gente entendiera y comprendiera que por el uso de un medio específico que ya no cumplía las funciones que en otro tiempo cumplió. Se percibe una actitud de renovación y adaptación para que la comunicación sea efectiva y alcance sus objetivos.

El Nuevo Testamento está escrito en *koiné,* el griego común hablado en el imperio romano durante el siglo I d.C., tiempo en

---

32  *The International Standard Bible Encyclopedia* (1979) s.v. "Arameo" por W.S. Lasor, pp.229-233

que el texto fue redactado. Es un idioma perteneciente a la gran familia de las lenguas indoeuropeas. El pueblo griego surgió de la fusión antropológica, cultural y espiritual de las razas indoeuropeas con las indomediterráneas, fruto de la invasión efectuada a lo largo del segundo milenio antes de Cristo. La gran mayoría de las lenguas habladas en Europa proceden del indoeuropeo. El griego *koiné* (común) no es otra cosa que el griego ático con diversas interferencias debido al lugar donde se hablaba. Es la forma del lenguaje usado cuando el griego alcanzó su mayor expansión territorial como lengua franca en el mundo mediterráneo. La helenización de las tierras conquistadas por Alejandro Magno incrementó el uso del griego grandemente. Militares, comerciantes y obreros se servían de él, modificándolo con expresiones vernáculas. Tal vehículo de relaciones humanas recibió el nombre de *koiné*, esto es, el habla común del pueblo. En el campo judío, el idioma era también ampliamente usado, por ello se tradujo el Antiguo Testamento en Alejandría en el año 250 a.C., dando lugar a la versión de los "setenta intérpretes", LXX o Septuaginta. Versión que expresó en lengua vulgar los términos religiosos y éticos de los hebreos. Jesús, probablemente, supo hablar arameo y griego koiné porque Galilea era bilingüe. Igual sucedió con los apóstoles que emplearon el *koiné* fuera de Judea y escribieron sus cartas en este idioma. Alrededor del siglo III-IV el *koiné* dejó de usarse. En todo este proceso puede comprobarse de nuevo la dinámica de renovación comunicativa. Los apóstoles querían que su mensaje fuese leído y entendido en todo el mundo y por eso adoptaron una lengua (medio de comunicación) que no era la suya para alcanzar sus objetivos. Eran conscientes, o mejor, el Espíritu Santo les hacía conscientes de que la comunicación es eficaz cuando se usan medios aceptados por el receptor. De modo que cuando el receptor deja de usar un medio y lo cambia por otro, el comunicador también cambia, de ahí el hecho de que haya varios idiomas en la Biblia. La conclusión por lo tanto es lógica, hay que usar medios de comunicación que sean relevantes y aceptados por los receptores, manteniendo una actitud de constante renovación para evitar un desfase y su posterior incomunicación.

Hemos visto hasta ahora diversos medios y plataformas para la comunicación que Dios y su pueblo usaron a lo largo de la historia. Que Dios ha hablado de muchas formas y maneras es un hecho.[33] Dios se ha comunicado con el hombre, ha emitido mensajes con el propósito de que sus receptores, los humanos, los escucharan y entendieran. Además, esta comunicación no fue puntual, no sucedió en un instante y se terminó, sino que se mantuvo a lo largo de un periodo de tiempo, que el autor de la carta a los Hebreos identifica como "los primeros días". Dios ha hablado y mucho. Dios ha emitido muchos mensajes y enfatiza el autor "muchas veces". Nadie puede acusar a Yahveh de haber permanecido callado. El habló, se comunicó insistentemente. No lo hizo usando un solo medio de comunicación, sino que usó "muchas maneras". Un solo vistazo a la historia de Israel nos muestra la veracidad de dicha afirmación. Una comparación del trabajo de Moisés con el de Ezequiel o Daniel evidencia que Dios fue muy creativo a la hora de enviar su mensaje. Cada profeta usó las formas y maneras de su entorno. Samuel habló en hebreo, Daniel en arameo y Ezequiel usó el drama. La diversidad de medios demuestra el propósito divino de comunicar eficazmente. Sí, Dios se había comunicado, los hombres habían oído su voz, leído sus mensajes y conocido a sus mensajeros, pero los hombres y mujeres nunca habían estado en contacto directo con el emisor. Habían oído y visto el mensaje y los emisores pero el "locutor" permanecía invisible y lejano. El proceso de comunicación fue bueno, pero podía superarse, estaba incompleto, era sólo la sombra de la realidad. Para culminar ese proceso el "locutor" se hace carne, se acerca, se convierte en me-

---

33  Hebreos 1:1-2

dio. Dios culmina así el proceso, la palabra hablada y encarnada se unen formando un medio completo y perfecto: Jesús. Como señala el apóstol Juan en el prólogo de su Evangelio "el logos (verbo-palabra) se hizo carne y habitó entre nosotros"[34] Así, el locutor, el mensaje y el receptor se unen e interrelacionan, eso es comunicación real y eficaz. Dios no consideró suficiente la palabra, él mismo quiso hacerse medio, mensajero y mensaje. Nuestra comunicación ha de seguir los mismos pasos. La palabra, el mensaje, necesita ser encarnado y sin esta encarnación, la comunicación es incompleta, puede ser buena, pero insuficiente. Necesita el acercamiento para que se complete el conjunto comunicativo "locutor+mensaje+receptor" en contacto directo y personal. Sea cual sea el medio usado, si no hay "encarnación" la comunicación es incompleta y por lo tanto ineficaz. Entendemos por eficacia llevar a las personas a un proceso de acercamiento a Dios, tal como describió el teólogo Engel en la tabla que aparece al final de este capítulo. La revelación de Dios en su creación puede ayudar a muchos a reconocer la existencia de Dios. Esto será un buen paso en buena dirección. La lectura de un texto bíblico puede ayudarle a dar otro paso. Oír un programa en la radio o ver uno en televisión también le pueden ayudar a seguir avanzando hasta que llegue el momento de su conversión.

El profesor canadiense de teoría de la comunicación Marshall McLuhan acuñó la frase "el medio es el mensaje", una verdad arraigada en la encarnación que ya hemos mencionado anteriormente. Mucho antes de que este gran pensador se hiciera famoso por sus teorías, Dios había decidido hacer medio y mensaje en una unidad perfecta, de modo que la comunicación alcanzara su eficacia plena. Jesús es el modelo. Sea cual sea el medio que usemos, los comunicadores cristianos tenemos la mejor referencia para conseguir eficacia en la comunicación.

---

34    Juan 1:14

# ESCALA DE ENGEL
## MODELO DEL PROCESO DE DECISION ESPIRITUAL

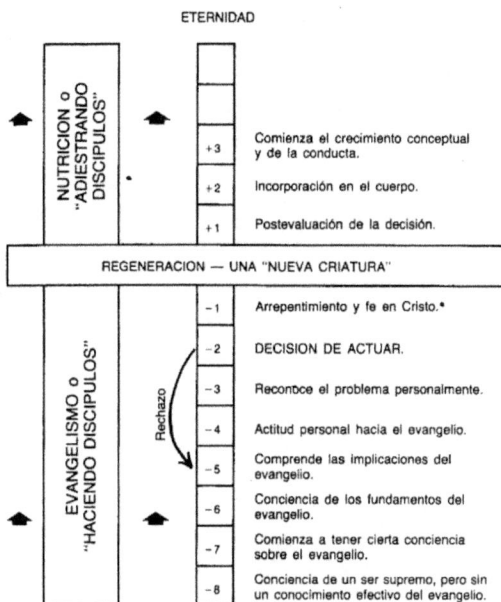

ETERNIDAD

| | |
|---|---|
| **NUTRICION o "ADIESTRANDO DISCIPULOS"** | |
| +3 | Comienza el crecimiento conceptual y de la conducta. |
| +2 | Incorporación en el cuerpo. |
| +1 | Postevaluación de la decisión. |

**REGENERACION — UNA "NUEVA CRIATURA"**

| | |
|---|---|
| **EVANGELISMO o "HACIENDO DISCIPULOS"** | |
| −1 | Arrepentimiento y fe en Cristo.* |
| −2 | DECISION DE ACTUAR. |
| −3 | Reconoce el problema personalmente. |
| −4 | Actitud personal hacia el evangelio. |
| −5 | Comprende las implicaciones del evangelio. |
| −6 | Conciencia de los fundamentos del evangelio. |
| −7 | Comienza a tener cierta conciencia sobre el evangelio. |
| −8 | Conciencia de un ser supremo, pero sin un conocimiento efectivo del evangelio. |

Rechazo

DIAGRAMA 6

*Traducido y adaptado del libro "What's Gone Wrong with the Harvest?" por James F. Engel (Zondervan, Grand Rapids, 1975).

# Conclusión

A lo largo de este manual hemos ofrecido consejos y herramientas básicas para aprovechar bien los medios de comunicación como pastores, líderes y responsables de iglesias o entidades paraeclesiales. Se han aportado multitud de ejemplos de modo que sea fácil la aplicación y se pueda comenzar a utilizar cada una de las herramientas. Las oportunidades que nos dan los medios de comunicación para acceder a ellos van en aumento y seguirán creciendo en el futuro gracias a la tecnología, por eso es importante estar preparados para usar el lenguaje, las formas y métodos que la sociedad tecnológica conoce. Por otro lado, también crecen las posibilidades de convertirnos en agentes de comunicación y poner en marcha nuestros propios medios, radios, televisiones, periódicos y páginas web. Es fascinante comprobar el universo de nuevas oportunidades que se abren cada día para el pueblo de Dios, de modo que debemos prepararnos para realizar un trabajo que dignifique el Evangelio de Jesucristo. En este manual sólo están los primeros pasos. Mi recomendación es que nadie se conforme con ellos. Existen multitud de centros de formación a los que deberíamos acudir, sobre todo si sentimos que el Señor nos ha llamado a comunicar el Evangelio en los medios de comunicación.

Pero sea cual sea el medio de comunicación que usemos siempre estará limitado y será impersonal. Si Dios hubiera querido comunicarse con la raza humana usando un medio de comunicación hubiera escrito un texto con las estrellas o repetido un mensaje con los truenos, pero no lo hizo, se encarnó. Es cierto que hay personas que llegan a conocer a Dios simplemente viendo un programa de televisión y visitando una página web, pero los medios nunca deben ser sustitutos de los hijos de Dios, sólo son herramientas. Jesús envió a los discípulos a anunciar las Buenas Nuevas. Ellos salieron por el mundo comunicando el mensaje y lo hicieron usando todos los medios, pero sólo como apoyo a su misión, no como sustitución. Los medios de comunicación son impersonales y Dios ha elegido a las personas para que seamos testigos, de modo que junto al trabajo con los medios, debemos desarrollar un plan de encuentro personal para hablar cara a cara con aquellos que deseen conocer a Jesús. Una vez más surge aquí la necesidad de trabajo en equipo y de la participación y colaboración de la iglesia con aquellos que trabajan en los medios.

Al igual que un viaje de mil kilómetros se comienza con un pequeño paso, la aplicación de las enseñanzas de este manual puede ser sólo el primer paso para un largo camino de eficacia en el uso de los medios de comunicación para la gloria de Dios. Todo es cuestión de empezar, probar y esperar. Seguro que Dios te sorprenderá.

# Bibliografía

Babin, Pierre: *The New Era in Religious Communication*. Fortress
    Press. Minneapolis, 1991

Berger A. Arthur: *Media Analysis Techniques*. Sage Pub.,London, 1991

Blum A. Richard: *Television and Screen Writing*. Focal Press, Bos-
    ton, 1995

Castillo J.M. Unidad Didáctica 155, IORTV *"Elementos del Lengua-
    je Audiovisual"*

Comporato, Doc: *De la Creación al Guión*. IORTV, Madrid, 1993

Engel James F. *What is Wrong with the Harvest?* Zondervan, Grand
    Rapids, 1975

González, Angel. *Profetas Verdaderos, Profetas Falsos* (Salamanca:
    Ediciones Sígueme, 1976

Green Michael, *Evangelización en la Iglesia Primitiva*, vol. V (Bue-
    nos Aires: Ed. Certeza, 1979)

Griffin, EM: *A First Look at Communication Theory*. McGraw-Hill
    Inc., New York, 1994

Gutiérrez Lazo, Fernando: *Las Polémicas Concesiones de Radio en
    FM*. Ed. Jurídicas Ottawa, Madrid 2007

Hixson, Richad: *Mass Media: A Casebook*. Thomas Y. Crowell, New
    York, 1973

Millerson, Gerald: *Realización y producción en televisión*. IORTV,
    Madrid 2001

Perez Sanz, Carolina: *Curso de Fonación e Impostación vocal*, IORTV, Madrid

Postman, Neil: *Divertirse hasta morir*. Ed. De la Tempestad, Barcelona 2001

Durfey T & Ferrier J: *Religious Broadcast Management Handbook*. Zondervan, Grand Rapids, 1986

*The International Standard Bible Encyclopedia* (1979) s.v. "Arameo" por W.S. Lasor,

*Diccionario Ilustrado de la Biblia* ( 1974) s.v. "Escritura" por Justo L. Gonzalez

*The Zondervan Pictorial Encyclopedia of the Bible* (1975) s.v. "Areopago" por A. Rupprecht.

*Theological Dictionary of the New Testament* (1976) S.v. keruso por Friedrich